커뮤니케이션 에세이

# Communication Essay

## 커뮤니케이션 에세이

저자 **이영권**

아름다운 사회
Beautiful Society

## "Mr. Lee, 인생은 커뮤니케이션이고 그것은 비즈니스도 마찬가지입니다."

이 말은 나의 멘터, 조지 브라운이 나에게 여러 차례 강조한 말이다. 인생과 비즈니스에서 성공한 사람은 어떤 형태로든 커뮤니케이션을 잘 이해하고 그것을 효율적으로 하는 사람이라는 것이 그의 생각이다.

나는 지금도 그 말을 되새기며 여러 가지 측면에서 커뮤니케이션의 중요성을 인식하고 그에 대한 학습을 지속하고 있다. 먼저 이론적인 측면에서 왜 조지 브라운처럼 성공한 사람이 '인생은 커뮤니케이션이고 그것은 비즈니스도 마찬가지' 라고 주장했는지 이해하기 위해 다양한 서적을 읽고 전문가들과 대화를 나누기도 했다. 물론 이론을 연구하는데 그치지 않고 실천도 했다.

처음으로 사회에 발을 내딛고 30여 년이 지난 지금도, 나는 스스로 느끼고 실천할 수 있는 기회를 마다하지 않는다. 아직까지도 나는 마치 스펀지가 물을 흡수하듯 지식과 실천에 목말라한다. 되돌아보면 참 열심히 달려왔다. 그 안에는 나를 짜릿하게 했던 성공담도 있고 좌절하게 했던 실패담도 있다. 성공담이든 실패담이든 그것은 그 자체로 내 인생이었고, 결과적으로 오늘의 나를 있게 한 성공노하우였다.

그 성공노하우가 이 책에 차곡차곡 담겨 있다.

커뮤니케이션은 어렵게 다가가면 어려울 수도 있지만, 쉽게 다가가면 쉬울 수도 있는 분야다. 나는 쉽고 정직한 표현을 좋아한다. 따라서 이론적인 측면을 간단하고 쉽게 정리했고, 커뮤니케이션에서 가장 중요한 자기 자신과의 커뮤니케이션과 타인과의 커뮤니케이션을 에세이 형식으로 가볍게 풀어내고 있다. 물

론 개중에는 좀더 깊이 있게 학습하고 싶어하는 사람도 있을 것
이다. 그들을 위해 참고문헌을 열거했으니 참고하길 바란다.

이 책이 성공을 향해 열심히 질주하는 사람들에게 네비게이
션의 역할을 하길 기대해본다.

2006년 7월 서재에서

이영권

# 차례


머리말  5

## 01

커뮤니케이션도 요령이 필요하다　　　　　　　12

인간은 커뮤니케이션으로 살아간다/ '인간 커뮤니케이션'에는 체계가 있다/ 커뮤니케이션의 특성을 이해하면 성공이 보인다/ 커뮤니케이션의 범주에 대한 이해

## 02

성숙된 자아를 위한 자신과의 커뮤니케이션　　　28

모든 선택은 감성이 좌우한다/ 긍정적인 정서 전염자/ 자기 자신을 진정으로 사랑하라/ '다르다'는 것을 인정해야 한다/ 삶은 배움의 커뮤니케이션 과정이다/ 자투리시간을 잘 활용하자/ 메모하는 습관은 성공으로 가는 초석이다/ 모든 것은 마음먹기에 달렸다/ 상상을 현실화하는 자기만의 커뮤니케이션이 필요하다/ 진인사대천명의 자세/균형감각/ 피그말리온 효과/ 모든 일에 감사하라/ 마음을 바꾸면 세상이 다르게 보인다/ '식자우환'의 우를 범하지 않아야 한다/ 주경야독하는 자세/ 직장인의 성공적인 커뮤니케이션/이력서를 잘 작성하는 것도 중요한 커뮤니케이션 요소다/ 열정적인 모습 그 자체가 훌륭한 커뮤니케이션이다/ 사소한 것일지라도 약속은 꼭 지켜야 한다/ 세계어를 습득하여 글로벌 커뮤니케이션 능력을 기르자/ 배려하는 마인드는 성공의 지름길이다

# Communication Essay

## 03

성공적인 인간관계를 위한 타인과의 커뮤니케이션 94

웬만해서는 바뀌지 않는 첫인상/ 외모도 중요한 커뮤니케이션 요소/ 서로 유사한 점을 발견하면 빨리 가까워진다/ 지속적인 만남은 커뮤니케이션의 효과를 높여준다/ 칭찬은 고래도 춤추게 한다/ 제2의 언어, 신체언어를 주시하라/ 남의 말을 경청하는 습관/ 명함을 잘 활용하는 것은 효율적인 커뮤니케이션의 기본/ 명함관리를 잘하면 휴먼네트워킹에 성공한다/ '점심효과'를 통한 대인관계 발전/ 대인관계를 위해 식사자리를 최대한 활용하라/ 악수도 중요한 커뮤니케이션이다/ 전화 커뮤니케이션 예절/ 신언서판/ 세상 사람은 다 보물이다/ 인맥관리/ 퍼스널 브랜드 구축은 성공을 위한 새로운 키워드/ 누구에게나 끌리는 사람이 되라/ 타인의 단점을 함부로 말하지 말라/잘못한 것이 있으면 사과하라/ 끝이 좋아야 모든 것이 좋다/ 효율적인 회의/ 긍정적인 대화로 상생하는 분위기를 만들자/ 적절한 자기 PR은 인간관계의 윤활유/ 상대방의 의중을 잘 파악하라/ 주고받는 자세로 인간관계를 유지하자/ 성공적인 대화기술 익히기/ 유머감각이 있는 사람은 더 좋은 인간관계를 맺을 수 있다/ 주변 사람과 커뮤니케이션 할 때 주의할 사항/ 인터뷰도 자신을 드러내는 커뮤니케이션 과정이다/ 편지쓰기를 통한 커뮤니케이션은 엄청난 힘이 있다

참고문헌 174

# Communication Essay

# 01

## 커뮤니케이션도 요령이 필요하다

# 01 커뮤니케이션도 요령이 필요하다

다른 생물과 달리 인간의 커뮤니케이션은 독특한 특성을 지니고 있다.

아마도 그러한 독특함이 인간을 가장 인간답게 만들어주고,

그로 인해 인간은 발전의 역사를 거듭해온 것인지도 모른다.

# 인간은 커뮤니케이션으로 살아간다

인간은 하루도 커뮤니케이션을 하지 않고는 살 수 없다. 혼자서 살아갈 수 없는 '사회적 존재'로서 대인관계를 원활히 유지하려면 인간은 어떤 형태로든 커뮤니케이션을 해야만 한다. 마치 먹고살기 위해 식량을 필요로 하는 것처럼, 인간은 자신을 둘러싼 환경과 연결을 유지해야 하고 이를 위한 수단으로 커뮤니케이션이 필요하다. 심지어 커뮤니케이션을 할 의사가 전혀 없다는 사실조차 얼굴을 찡그리거나 상대방의 시선을 피하는 식으로 노골적인 커뮤니케이션을 한다.

어떤 형태로든 커뮤니케이션을 하지 않으면 자신의 생각 혹은 의사를 알릴 방법이 없다. 그만큼 커뮤니케이션은 우리의 일상생활에서 가장 지배적인 부분을 차지한다. 우정을 쌓는 것이나 인간관계를 맺는 것 그리고 세상 돌아가는 모습을 파악하는 것도 커뮤니케이션 없이는 이루어지지 않는다.

인간이 사회관계를 형성하고 유지하는 이유는 상황에 따라 혹은 상대에 따라 달라질 수 있다. 우리는 보통 이기적이거나 이

타적인 이유, 감성적이거나 관념적인 이유, 때로는 지극히 물질적인 이유로 다른 사람과 교류하며 동시에 갈등을 지양하려 애쓰는데, 이를 위해서는 커뮤니케이션이 필요하다.

우리가 일상적으로 행하는 커뮤니케이션의 종류는 매우 다양하다.

소집단에서의 토의와 회의, 조직 내에서 이루어지는 커뮤니케이션, 신문을 읽거나 TV를 시청하는 것, 이메일이나 채팅으로 낯선 상대방과 대화하는 것, 전화로 업무를 처리하는 것, 외국을 여행하다가 길을 묻는 것, 사랑하는 사람과 밀어를 속삭이는 것 등 커뮤니케이션은 다양한 상황에서 여러 가지 목적을 위해 이루어진다.

이러한 커뮤니케이션은 놓인 상황이나 여러 가지 변수에 따라 나름대로 속성을 지니고 있으며, 이는 다른 종류의 커뮤니케이션과 구별되는 특성이기도 하다. 그러면서도 다른 한편으로는 이러한 커뮤니케이션 상황을 보편적으로 설명할 수 있는 '대원칙'이 존재한다. 즉, 인간이 행하는 모든 종류의 커뮤니케이션은 다른 생물체와 구별되어 '인간 커뮤니케이션'이라는 범주에 속하는 것이다.

# ■ ■ '인간 커뮤니케이션'에는 체계가 있다

인간은 외부로 드러나는 행동을 통해 상대방과의 연결을 찾고, 그러한 연결과정으로 커뮤니케이션 체계가 만들어진다. 따라서 우리가 관심을 기울여야 하는 것은 개개인의 커뮤니케이션 행위뿐 아니라, 그러한 행위들이 서로 맞물려 인간과 인간을 연결하고 대인관계, 소집단, 조직, 사회라는 커뮤니케이션 체계를 이루는 과정이다.

스스로 작은 체계를 구성하는 개개인은 커뮤니케이션을 통해 또 다른 작은 체계인 타인과 인간관계를 맺고, 나아가 큰 체계인 바깥세상과 연결을 시도하며 사회적 존재로서의 의미를 찾는다. 무인도에 갇혀 다른 사람과 교류 없이 동물을 벗 삼아 지내지 않는 한, 인간 환경 속으로 의미 있는 정보를 끊임없이 내뱉어야 하고 이를 위해 커뮤니케이션이 필요하다.

그렇다면 사람은 환경과 상호작용하기 위해 어떤 종류의 정보에 의존하는가? 인간은 커뮤니케이션을 위해 신체의 모든 감각기관을 동원한다고 해도 과언이 아니다. 인체 중 외부를 향해 노출된 부분은 어떤 형태로든 나름대로의 커뮤니케이션 기능을 수행한다.

커뮤니케이션을 위해 사용하는 감각기관으로 먼저 시각이 있다. 시각은 문자의 형태로 쓰인 언어정보와 얼굴표정, 신체동작, 제스처 등 비언어적 정보를 처리한다. 시각만큼 많이 사용하는 또 다른 감각기관은 청각이다. 청각은 인간이 직접 혹은 인간이 만들어낸 도구가 내는 모든 소리를 받아들인다. 촉각은 풍부한 정보능력과 더불어 애정, 따뜻함, 권위 등 정서적인 내용을 전달한다. 예를 들어 열 마디 말보다 단 한번의 따스한 손길이 더 강한 메시지를 전달한다. 특히 촉각은 언어적 채널을 대체하는 효과가 있어 맹인은 점자에 의존하여 커뮤니케이션을 한다.

취각도 다양한 커뮤니케이션 기능을 수행한다. 사람들의 체취, 주위의 냄새, 향기 등 온갖 종류의 취각정보는 커뮤니케이션을 촉진, 강화, 약화 혹은 저해한다. 예를 들어 아랍문화권에서는 상대방이 발산하는 체취가 호감의 표시가 되므로 이들은 상대방의 체취를 느낄 수 있을 정도로 가까이에서 커뮤니케이션하기를 좋아한다. 미각 역시 커뮤니케이션에 사용된다. 뜨거운 연인 사이, 갓난아기와 부모 사이의 관계에서는 상대방의 '맛'을 보면서 커뮤니케이션의 진면목을 즐긴다. 연인과의 달콤한

키스, 아기에게 보내는 애정의 입맞춤 등은 미각을 통해 감정을
교환하는 작업이다. 반가운 사람을 만났을 때 상대방의 뺨을 핥
는 에스키모의 인사습관도 미각을 통한 커뮤니케이션의 좋은
예가 된다.

이런 의미에서 인체의 모든 부분은 인간의 커뮤니케이션에
도움을 주는 '최첨단의 정보미디어' 라고 할 수 있다.

## ■■ 커뮤니케이션의 특성을 이해하면
## 성공이 보인다

다른 생물과 달리 인간의 커뮤니케이션은 독특한 특성을 지니고 있다. 아마도 그러한 독특함이 인간을 가장 인간답게 만들어주고, 그로 인해 인간은 발전의 역사를 거듭해온 것인지도 모른다. 5천 년 전의 박쥐나 개는 지금과 환경 및 상호작용 방식에서 변한 것이 거의 없다. 하지만 인간은 그렇지 않다.

인간의 커뮤니케이션에는 다음과 같은 특징이 있다.

첫째, 커뮤니케이션을 위해 상징체계를 사용하는 것은 인간 고유의 능력이다. 인간은 약속에 의한 부호의 집합인 언어와 비언어를 사용해 커뮤니케이션을 한다. 지구상에 존재하는 온갖 언어에는 그 사용인구의 많고 적음에 상관없이 나름대로의 체계와 법칙이 존재한다. 무엇보다 인간의 커뮤니케이션은 주위의 사람, 사물, 사건 등 무한대로 존재하는 환경 내의 모든 요소에 의미를 부여할 수 있다.

둘째, 인간의 커뮤니케이션은 영구성과 이동성이 있다. 상징

체계를 이용하는 덕분에 인간의 커뮤니케이션 메시지는 시간이
나 공간의 제약을 극복하고 기록으로 남기도 하고 다음 세대로
전수되기도 한다. 동물 역시 커뮤니케이션을 하지만 이들의 커
뮤니케이션은 시간과 공간이 제한되어 있다. 동물은 대개 생존
을 위해 필요한 정보능력을 타고나지만, 인간의 커뮤니케이션
능력은 언어든 비언어든 대부분 후천적 학습에 의해 얻어진다.
더욱이 영구성과 이동성 덕분에 인간의 커뮤니케이션은 시간과
공간의 제약을 넘어 많은 사람과 그 의미를 나눌 수 있는 사회성
을 부여받는다.

셋째, 우리가 주위 사람, 사건, 사물에 부여하고 또한 이를 해
석하는 의미는 주관적이다. 예를 들어 겨울에 내리는 하얀 '눈'
은 보는 사람의 관점에 따라 크게 다른 의미로 해석되기도 한다.
연인에게는 눈 쌓인 길을 걸어보고 싶은 충동을 느끼게 하는 낭
만으로 해석되지만, 먼 길을 가야하는 나그네에게는 성가신 근
심거리가 된다. 따라서 우리의 커뮤니케이션은 항상 오류의 소
지가 있고, 언제든 커뮤니케이션 장애의 가능성을 안고 있다. 하
지만 인간의 커뮤니케이션은 상이한 의미 부여와 해석의 다양
성 속에서도 항상 타협을 추구하는 특성을 보인다. 즉, 커뮤니케
이션은 의미 공유와 타협의 과정이고, 타협의 방식을 익히는 것

은 곧 언어학습과 사회화의 과정이다. 이러한 타협의 보편성으로 의미 부여의 주관성에도 불구하고 한 사회의 구성원 사이에는 원활하게 커뮤니케이션이 이루어진다.

넷째, 인간은 자기 자신과 커뮤니케이션을 할 수 있는 능력이 있다. 인간은 자신의 감정, 경험, 지식을 되돌아보고 더 나은 커뮤니케이션을 위한 지표로 삼는다. 이런 이유에서 인간의 커뮤니케이션은 자기 반성적이다. 자신의 커뮤니케이션을 반성하고 되돌아볼 수 있는 것은 인간만이 지닌 특성이다.

다섯째, 커뮤니케이션은 인간에게 주어진 피할 수 없는 숙명 같은 일이다. 인간은 어느 한 순간도 커뮤니케이션을 하지 않고는 사회생활을 영위할 수 없다. 전혀 커뮤니케이션을 할 의사가 없다는 것조차 커뮤니케이션 없이는 전달되지 못한다.

인간을 가장 인간답게 만드는 것이 바로 커뮤니케이션이다. 인간은 커뮤니케이션에 관한 한 다른 어떤 생물학적 존재와도 비교할 수 없는 커다란 특권을 누리는 셈이다. 인간은 커뮤니케이션을 통해 축적되고 전승된 지식과 문화를 향유하며 시시각각 변한 모습 혹은 더 발전된 모습을 갖춘다. 바로 여기에 인간의 존엄성이 있다. 따라서 우리가 얼마나 커뮤니케이션에 대해 올바르게 이해하고 삶에 적용하느냐에 따라 인생이 달라질 수

도 있다. 그렇기 때문에 '인생은 커뮤니케이션이고 그것은 비즈
니스도 마찬가지'라는 말이 설득력을 얻는 것이다.

## ▪▪ 커뮤니케이션의 범주에 대한 이해

우리의 커뮤니케이션은 크게 미시적, 중시적, 거시적 범주로 나뉜다. 그 구분을 간단하게 살펴보면 다음과 같다.

▶ **미시적(Micro) 커뮤니케이션 :**
자아 커뮤니케이션, 개인 커뮤니케이션

▶ **중시적(Medio) 커뮤니케이션 :**
대인 커뮤니케이션, 소그룹 커뮤니케이션,
조직 커뮤니케이션

▶ **거시적(Macro) 커뮤니케이션 :**
국제 커뮤니케이션, 사회 커뮤니케이션,
이(異)문화 커뮤니케이션

이러한 구분은 우리가 커뮤니케이션을 행할 때, 알아두면 매우 유익한 요소다.

미시적 커뮤니케이션은 주로 자기 자신과의 커뮤니케이션으로 긍정적 혹은 부정적 자아 사이의 커뮤니케이션인 자아 커뮤니케이션과 자신을 둘러싸고 있는 환경과의 커뮤니케이션인 개인 커뮤니케이션을 말한다.

중시적 커뮤니케이션은 자기 자신과 타인 혹은 타인들과의 커뮤니케이션인 대인 커뮤니케이션, 그룹 내에서의 효율적인 커뮤니케이션 방법을 연구하는 소그룹 커뮤니케이션 그리고 조직 내에서의 효과적인 커뮤니케이션을 학습하는 조직 커뮤니케이션이 해당된다.

거시적 커뮤니케이션은 미시적·중시적 커뮤니케이션에 더해 사회적, 국제적, 이(異)문화적으로 커뮤니케이션을 어떻게 행하느냐를 연구하는 분야다.

특히 요즘 같은 글로벌시대에는 이문화를 이해하고 사회적 특성을 인식하면서 국제적 예의와 더불어 커뮤니케이션을 갖춘 사람이 글로벌 경쟁력이 뛰어나다.

이 책에서는 미시적 요소와 중시적 요소가 결합해 파생되는 거시적 커뮤니케이션은 생략하고, 자아를 강화시키는 미시적 커뮤니케이션과 대인관계를 중심으로 하는 중시적 커뮤니케이션에 집중하고자 한다.

자신과의 싸움에서 이기는 것이 곧 타인과의 성공적인 커뮤니

케이션의 기초를 단단히 하는 길이다. 그리고 이에 대한 이해와
실천을 통해 원만한 대인관계와 성공적인 리더십을 갖추면 사회
에서 성공자가 되고 더 나아가 세계적인 인물이 될 수 있다.

# Communication Essay

# 02

## 성숙된 자아를 위한
## 자신과의 커뮤니케이션

# 02

## 성숙된 자아를 위한 자신과의 커뮤니케이션

하루하루를 보내면서 최선을 다하고 있는가?

어떤 문제에 직면했을 때, 최선을 다해 해결하려 노력하는가?

누군가를 설득하려 할 때, 진심으로 최선을 다했는가?

이런 질문에 자신 있게 '그렇다'고 대답할 수 있는 사람은 많지 않을 것이다.

그렇다면 성공확률은 낮아질 수밖에 없다.

성공확률을 끌어올리려면 '그렇다'는 대답을 할 수 있도록 해야 한다.

# ▪▪▪ 모든 선택은 감성이 좌우한다

많은 사람이 자신에 대해 평가할 때, 이성적이라고 생각한다. 그러나 곰곰이 자신을 돌아보면 감성적인 면에 기울고 있음을 깨닫게 될 것이다. 나 역시 대부분의 경우 내가 이성적으로 판단한다는 생각을 해왔다. 그러다가 어느 순간, 그것이 착각임을 알게 되었다. 사람은 보통 이성보다는 감성적으로 판단한다. 따라서 그 점에 유의하고 매사에 합리적이고 현명한 판단을 내리기 위해 노력해야 한다.

예를 들어 사람은 흡연과 과음이 자신에게 나쁘다는 것을 알고 있다. 이것은 이성적인 인식이다. 그럼에도 불구하고 흡연과 과음을 하게 되는 것은 이성이 아니라 감성 때문이다. 흡연하는 사람은 이성적으로는 분명 그것이 나쁘다는 것을 알면서도 '흡연은 스트레스 해소에 효과적' 이라는 감성으로 이성적 판단을 누른다. 즉, 감성을 이용해 자신의 결정을 합리화하는 것이다.

결국 인간은 이성적으로 판단하고 행동하는 것 같지만, 감성적으로 판단하고 행동하는 경우가 많다. 따라서 상대방을 변화

시키고 싶을 때 혹은 상대방을 설득하고 싶을 때는 그들의 이성
에 호소하는 것보다 감성에 호소하는 것이 효과적일 수 있다.

사람은 제한적인 범위 내에서만 이성적이다. 모든 정보는 각
자의 주관적인 감성에 따라 해석되므로 먼저 '나는 그들에게 어
떤 영향을 주는 사람인가'를 생각할 필요가 있다. 상대에게 영
향을 줄 수 없다면 아무리 이성적이고 합리적인 자료를 제시하
더라도 상대방은 잘 설득되지 않는다.

'마누라가 예쁘면 처갓집 기둥도 예쁘다'는 말이나 '스님이
싫으면 그가 입고 있는 가사도 밉다'라는 말은 어떤 사람에 대
한 감정이 나쁘면 상대방과 관련된 모든 것이 싫어지고, 상대방
이 좋으면 모든 것이 좋은 것으로 느껴진다는 의미를 담고 있다.
이처럼 어떤 대상에 대한 감정이 그와 관련된 다른 것으로 옮겨
가는 현상을 심리학에서 '감정전이(感情轉移; Transfer of
Affect)'라고 한다.

상대방이 여러분을 믿고 따르지 않으면 아무리 말을 잘할지
라도 상대를 설득하기는 어렵다. 따라서 우리는 늘 상대가 좋은
감정을 느낄 수 있도록 노력해야 한다. 누군가를 변화시키고 싶
다면, 논리에 앞서 감성을 터치하라. 상대가 여러분을 좋아하면
따르게 되어 있다.

그리스의 최고 현인 중 한 사람인 아리스토텔레스는 누군가를 설득할 때는 '3요소'를 생각하라고 했다. 3요소란 이토스(Ethos), 파토스(Pathos), 로고스(Logos)를 말한다.

> ▶ **이토스(Ethos)**는 메시지를 전달하는 사람의 인격적인 측면, 즉 명성, 신뢰감, 호감 등으로 설득에 60퍼센트 정도 영향을 미친다.
>
> ▶ **파토스(Pathos)**는 감정적 측면, 즉 공감, 경청, 연민, 공포 등으로 설득에 30퍼센트 정도 영향을 미친다.
>
> ▶ **로고스(Logos)**는 논리적 근거나 실증적인 데이터 제시 등으로 설득에 10퍼센트 정도 영향을 미친다.

결국 성공적인 설득은 이토스(인격적인 측면)를 거쳐 파토스(상대방의 감정에 호소)를 한 후, 로고스를 통해 논리적 근거를 제시한 다음에 상대방이 마음을 바꾸지 않도록 다시 이토스로 끝내는 것이 효과적이다.

심리학에서 자주 쓰는 용어로 '정서적 전염(Emotional Contagion)'이라는 것이 있다. 이는 사람들에게 정서를 전염시킨다는 의미다. 심리적으로 불안한 사람과 함께 있으면 자신도 모르게 불안한 생각이 전염되고, 밝고 긍정적인 사람의 옆에 있으면 덩달아 밝고 긍정적으로 바뀐다는 얘기다.

사람의 감정은 전염병처럼 전염된다. 예를 들어 잘 웃는 사람 옆에 가면 저절로 기분이 좋아지기 때문에 사람들은 웃는 사람을 좋아한다. 우리에게 엄청난 활력소를 주는 웃음은 건강과 함께 대인관계를 좋게 해주는 것이다.

사실, 긍정적 정서를 전염시키는 대표적인 것이 바로 '웃음'이다. 그런데 어찌된 일인지 우리는 점점 어른이 되면서 어린 시절에 그 풍부했던 웃음을 잃어간다. 유치원생이 하루 평균 3백 번을 웃는데 비해, 어른은 15번 정도 웃는다고 한다. 스트레스와 고민이 많아지면서 웃음을 잃고 마는 것이다.

웃음을 늘리려면 어떻게 해야 할까? 기분 좋은 일이 펑펑 터져

야만 웃게 될까? 우리는 보통 기분이 좋아야 웃음이 나오는 것으로 알고 있지만, 사실은 웃으면 기분이 좋아진다고 한다. 대뇌에 있는 표정통제 중추와 감정통제 중추는 서로 연결되어 있어 영향을 주고받는다는 것이다. 따라서 웃는 표정을 지으면 정말로 웃을 때와 같은 화학반응이 일어나 결과적으로 기분이 좋아진다고 한다. 이처럼 표정을 바꾸면 감정상태가 바뀌는 것을 '안면 피드백 이론(Facial Feedback Theory)' 이라고 한다.

웃음은 표정뿐 아니라 감정을 바꾸고 행동을 바꾸며 더 나아가 주변 사람으로 하여금 호감을 느끼게 하는 선순환작용을 한다. 나는 미소를 실천하는 사람 중 하나인데, 그 이유는 타고난 성격 덕분이기도 하지만, '미인대칭(미소 짓고 인사 나누고 대화하며 칭찬하자)' 이라는 캠페인에 동참하면서 늘 웃는 습관을 들이게 되었기 때문이다. 웃으면 감정상태가 좋아지고 그러면 주변에 사람이 모여든다는 것은 과학적 근거가 있는 얘기다.

같은 상황일지라도 미소를 지으며 대화하면 더욱 긍정적인 효과를 낼 수 있다. 늘 '미인대칭' 하는 마음자세를 지니도록 노력해보라. 얼굴에 난 주름 중에서 가장 멋진 주름은 스마일라인(Smile Line; 웃음 주름)일 것이다.

'파안대소' 하는 멋진 인생은 우리 자신에게 달려있다. 지금부

터라도 '미인대칭' 운동에 동참하여 긍정적인 정서 전염자가 되
도록 해보자.

# 자기 자신을 진정으로 사랑하라

"여러분은 여러분 자신을 사랑합니까?"

이 질문은 다소 황당하게 들릴 수도 있지만, 의외로 자신을 사랑하지 않는 사람이 많다. 심지어 자신을 비하하는 말을 스스럼없이 하는 사람도 있다. 부처가 세상에 태어나면서 외쳤다는 '천상천하 유아독존(天上天下 唯我獨尊)'이라는 말의 의미를 알고 있는가. 이는 세상에서 가장 존중받아야 할 중요한 존재는 자기 자신으로 어느 누구도 자신을 대체할 수 없다는 뜻이다. 결국 세상의 모든 사람은 소중한 존재인 것이다. 그럼에도 불구하고 많은 사람이 자신에 대해 늘 부정적이고 불만이며 스스로를 비하한다.

자신을 비하하는 사람은 다른 사람으로부터 존경받지 못한다. 자기 자신을 사랑하는 사람이 다른 사람에게 더 인기가 있는 법이다. 자기비하와 겸손은 분명히 구별된다. 자신을 사랑하되, 겸손하면 금상첨화일 것이다.

자기를 비하하는 사람을 주변에서 싫어하는 이유는 그에게 관심을 기울여야 하기 때문에 힘들고, 부정적인 감정이 전염되며 무엇보다 그와의 교제에서 별로 남는 것이 없기 때문이다. 간혹, 자신을 비하하면 행여 다른 사람이 자신에게 관심을 기울이지 않을까 해서 그렇게 행동하는 사람도 있다. 그럴 경우, 처음에는 관심을 보이는 사람이 있을지 모르지만 시간이 지나면 사람들은 그를 멀리하게 되어 오히려 보상이 줄어든다. 이러한 현상을 '보상 감소 이론(Reward Reduction Theory)' 이라고 한다.

세상에는 어려운 신체 조건에도 불구하고 건전한 정신으로 자신을 사랑하는 사람도 많다. 내 주변에도 그런 사람이 여러 명 있는데, 그들은 진정으로 자기 자신을 사랑한다. 그들과 만나면 처음에는 내가 건강한 신체를 지녔다는 이유로 상대를 연민의 마음으로 대하다가 시간이 흐르면서 부끄러워지는 경우가 많다.

자신을 사랑하는 마음은 신체적 조건이 아니라 정신적인 자기 사랑에서 비롯된다. 『오체불만족』의 저자 오토다케(乙武洋匡) 같은 사람을 보라! 그가 살아온 삶을 보면 고개가 저절로 숙여진다.

다른 사람과 좋은 관계를 맺고 싶다면 먼저 스스로를 사랑해야 한다. 그런 마음은 그대로 얼굴에 나타나고 또한 상대방에게 전달되기 때문이다. 자신의 내면을 들여다보면서 자신의 장점과 강점을 스스로 칭찬해보라. ‘나는 성격이 좋구나’, ‘나는 능력이 있구나’, ‘나는 멋쟁이구나’ 등 자신을 칭찬하는 습관은 스스로를 사랑하게 만들어 다른 사람에게도 긍정적인 감정을 전염시킨다.

이 세상에서 가장 소중한 자신을 사랑하지 못하면서 어떻게 다른 사람이 자신을 사랑하고 좋아하기를 바라겠는가! 인간의 내면에는 긍정적 자아와 부정적 자아가 공존한다. 두 자아는 늘 부딪치면서 싸움을 한다. 성공하는 사람은 긍정적 자아가 부정적 자아를 이긴다. 자기와의 싸움에서 이겨야 성공할 수 있는 것이다.

인간은 일생 동안 자기 능력의 2퍼센트 밖에 쓰지 못하고 인생을 마감한다고 한다. 그러므로 자신이 무한한 가능성의 존재라는 것을 인식하고 자신을 사랑하려 노력하는 것은 매우 중요하다.

# ‘다르다’는 것을 인정해야 한다

세상에 같은 것은 하나도 없다. 풀 한 포기, 나무 한 그루까지도 모든 것은 각기 다른 모습과 특성, 성질을 지니고 있다. 세계 인구 65억 명 중에 같은 사람은 하나도 없다. 생김새뿐 아니라 성품, 기질 그리고 생각도 다르다. 그럼에도 불구하고 많은 사람이 상대가 자신과 같은 생각을 하길 원하고 자신이 좋아하는 취미를 함께하기를 원한다. 탓에 다른 사람의 마음을 무겁게 하는 경우가 종종 발생한다.

‘생각이 다르다’는 것을 인정하지 않는 자세는 대인관계에서 부정적 요소가 된다. 사람은 누구나 같은 것을 보면서도 다른 생각을 할 수 있는 것이다. 자라온 환경, 타고난 성격이 다르므로 같은 것을 보고 다른 느낌을 받는 것은 당연한 일인데도 대부분의 사람들은 자신의 생각과 의식에 따라오길 바란다.

사람들과 좋은 관계를 맺기 위해서는 상대방과 공감대를 형성하려는 노력이 필요하다. ‘다른 것은 나쁜 것’이라는 생각 대신, ‘상대방은 나와 다른 사고와 시각을 지닌 도움이 되는 사람’

이라는 사고로의 전환이 필요하다.

공자의 '역지사지(易地思之)'라는 말은 우리에게 주는 교훈이 매우 크다. 이는 쉽게 말해 상대방의 입장에 서서 생각해보라는 뜻이다. 분명 내 입장에서 보는 것과는 다른 것이 보일 것이다. 똑같은 찻잔을 양쪽에서 쳐다보면, 한쪽에서는 손잡이가 보이고 다른 쪽에서는 보이지 않는 것처럼 세상사도 마찬가지다.

많은 사람이 자녀와 대화를 나누면서 가끔 거리감을 느끼곤 한다. 이는 당연한 일이다. 아이들이 살아오면서 경험한 기간은 짧고, 부모는 오랫동안 인생을 살아왔으니 보고 느끼고 경험한 것이 다를 수밖에 없다. 그런데 대부분의 부모가 자신의 잣대로 아이들을 재려고 하다가 갈등을 불러일으킨다.

한번은 외국의 한 포스터 앞에서 한동안 눈을 떼지 못했던 적이 있다. 그것은 키 큰 경찰관이 6, 7세쯤 된 아이에게 뭔가 이야기를 해주기 위해 자신의 키를 아이의 키에 맞추고 경청하는 포스터였다. 바로 그런 자세로 부모 자식 간의 대화가 이루어진다면 다툴 일은 거의 없을 것이다.

요즘 들어 젊은층의 이혼율이 급격히 늘고 있다는 소식을 접할 때마다 가족의 행복 유지 노력도 결국은 커뮤니케이션에 달려있다는 생각을 하곤 한다. 서로의 대화가 단절되기 시작하면서 멀어지고 결국 파혼에 이르기 때문이다.

　상대방의 생각은 틀린 것이 아니라 다를 뿐이다. 그것을 인정하고 늘 상대방의 입장에 서서 한번 더 생각해보고 포용하려 노력할 때 인간관계는 더욱 좋아질 것이다.

# ■■ 삶은 배움의 커뮤니케이션 과정이다

신(神)이 아닌 다음에야 세상사를 모두 아는 것은 불가능하다. 그런데도 많은 사람이 자신이 아는 잣대로 세상의 모든 것을 판단하려는 우를 범하곤 한다. 특히 새로운 지식은 배우지 않고는 모르는 것이 당연하지만, 대부분의 사람들이 배우려는 노력은 기울이지 않고 그저 아는 것만으로 판단하려 애쓴다.

옛 사람은 '불치하문(不恥下問)' 이라는 말로써 배움의 자세를 가르치고 있다. 이는 밑의 사람에게라도 모르는 것을 물어보는 것은 수치가 아니라는 뜻으로, 효율적인 커뮤니케이션을 통해 경쟁력을 높이는데 있어 꼭 필요한 자세다.

설사 '박사학위' 를 가진 사람일지라도 그것은 자신의 분야에 전문가라는 뜻이지 세상사 모든 것을 안다는 의미는 아니므로 누구에게든 물어보는 것이 흠이 될 리 없다. 하지만 우리나라 사람들은 권위적인 '체면문화' 에 젖어 이런 자세가 부족하다. 그런 탓에 모르는 것을 모른다고 대답하는 것에도 약하다. 상대방이 무식하다고 생각할까봐 두려워하기 때문이다.

물론 모르는 것을 아는 척하고 넘어갈 수도 있지만, 그로 인해 잃는 것이 너무 많다. 아는 척하면 더 배울 기회를 놓치게 되고 스스로 솔직하지 못한데 대해 자책감을 느끼게 되며, 상대에게 도움을 요청하면 친해질 수 있는 기회를 잃게 된다.

나도 전에는 알지 못하는 것을 모른다고 인정하는 자세를 보이지 못했다. 하지만 그렇게 행동하고 나면 자책감이 따르고 이것은 악순환으로 이어진다. 차라리 모르는 것은 '모른다'고 대답하고 가르침을 구하는 자세가 낫다.

라디오나 TV 생방송을 진행하다 보면 가끔 난처할 때가 있다. 시청자들이 진행자는 모든 것을 아는 전문가인줄 알고 불쑥 어려운 질문을 하는 경우가 있기 때문이다. 처음에는 얼떨결에 모른다는 것을 인정하지 못했다. 분명 잘못된 자세다. 그런 시행착오를 겪은 후, 이제는 모르는 것을 모른다고 솔직하게 인정하는 것이 더 좋고, 그렇게 대답할 수 있는 용기가 생겼다.

'모르는 것이 있다'는 것은 당연한 일이다. 그럼에도 불구하고 많은 사람이 그것을 부끄럽게 생각한다. 바로 그것이 문제다. 모르는 것이 있으면 그것을 인정하고 차라리 배움을 구하라. 밑에 사람에게라도 모르는 것이 있으면 묻는 것이 효과적인 커뮤니케이션을 위한 자세다.

# 자투리시간을 잘 활용하자

하루를 어떻게 활용하는지 곰곰이 뜯어보면 의외로 자투리시간을 많이 발견할 수 있다. 그리고 일정과 일정 사이에 긴 자투리시간을 어떻게 관리하고 활용하느냐에 따라 인생 전체가 달라질 수도 있다. 2, 30분 정도의 자투리시간은 마음먹기에 따라 그냥 버려질 수도 있고 효율적으로 활용할 수도 있다.

나는 그러한 자투리시간을 다음과 같이 활용한다.

첫째, 운동을 한다. 매일 아침운동을 하고 있지만, 낮에도 짬이 나면 가벼운 운동을 한다. 걷거나 계단을 오르내리는 것이다. 짧은 시간이지만 기분전환도 되고 동시에 체력을 기를 수 있어 아주 좋다. 그럴만한 상황이 되지 않으면 제자리 뛰기라도 한다.

둘째, 홈페이지를 관리한다. 이것은 짧은 시간을 이용해서 하기에 아주 적당한 일이다. 10~15분이라도 시간이 나면 홈페이지에 들어가 글을 남긴 방문객들에게 답장을 쓴다. 특히 지금은 어느 곳에 가든 컴퓨터를 이용할 수 있기 때문에 더욱 효율적이다. 이러한 시간은 많은 사람과 커뮤니케이션을 할 수 있는 중요한 기회다.

셋째, 독서를 한다. 자투리시간이 생길 경우, 가장 손쉽게 할 수 있는 것이 바로 독서다. 항상 책을 가방에 넣어가지고 다니다가 자투리시간이 나면 독서를 한다. 한 주에 한 권 이상의 책을 소화하려면 자투리시간을 활용하는 것이 매우 중요하다.

넷째, 전화를 한다. 시간이 날 때마다 나는 여러 곳에 전화를 한다. 수첩을 뒤지다가 생각나는 사람이 있으면 전화를 하는 것이다. 전화를 먼저 하는 것도 좋은 습관이다. 마음속으로 전화를 하겠다고 백 번 다짐하는 것보다 한번이라도 직접 전화해서 커뮤니케이션을 하는 사람이 더 많은 사람과 친해질 수 있다.

다섯째, 명상을 한다. 자투리시간을 활용하는 좋은 방법 중의 하나는 명상이다. 눈을 감고 한 가지 화두를 가지고 이것저것 깊이 생각하면서 자기반성도 하고 남의 입장도 한번 더 생각해 보는 것이다. 이것은 자기 자신을 키워주는 좋은 습관이다.

여섯째, 글을 쓴다. 시간이 날 때마다 생각나는 주제를 가지고 글을 써본다. 나름대로 생각했던 것을 정리해보는 좋은 시간이 될 수 있다.

시간은 누구에게나 똑같이 주어지지만 자투리시간을 어떻게 활용하느냐에 따라 하루의 성과는 천차만별이다. 무엇보다 중요한 것은 시간관리는 자기 자신에게 달려있다는 점이다.

## ■■ 메모하는 습관은 성공으로 가는 초석이다

메모하는 습관에 대해서는 많은 사람이 그 효율성에 대해 강조하지만, 제대로 실행하는 사람은 많지 않다. 좋은 습관인 것은 분명한데, 실행이 어려운 이유는 무엇일까? 그것은 아직 그 중요성을 인식하지 못했거나 메모하는 효과적인 방법을 모르기 때문일 것이다.

사람의 기억력에는 한계가 있기 때문에 메모는 반드시 필요하다. 어떤 것이든 다 기억할 수 있다면, 따로 메모할 이유는 없을 것이다. 그러나 불행하게도 대부분의 사람들은 기억력에 한계가 있고, 기억을 비교적 잘하는 사람도 바쁜 일상생활 속에서 곧잘 잊곤 한다.

이러한 한계를 극복하는 방법이 바로 메모다. 메모는 기억력의 한계를 극복하게 해주는 대체수단이다. 따라서 기억력에 의존하려 애쓰지 말고, 곧바로 메모지에 메모하는 습관을 들이면 매우 효율적인 생활을 할 수 있다. 그리고 그처럼 효율적인 생활은 성공을 뒷받침해주는 강력한 시스템이 된다.

메모를 잘 하지 않는 이유는 메모를 하기 위한 준비가 되어 있지 않기 때문이다. 수첩과 필기도구를 늘 지참하라. 메모를 하려고 해도 메모할 종이와 필기도구가 없다면 메모를 남길 수가 없다.

나는 반드시 웃옷에 수첩과 필기도구를 넣어둔다. 물론 들고 다니는 손가방에도 필기도구가 늘 준비되어 있다. 메모하는 습관을 들이기 위해서는 일차적으로 종이와 필기도구를 갖고 다니는 습관부터 들여야 한다. 특히 잠자리 옆에도 필기도구를 놓아두는 것이 좋다. 잠들기 전에 언뜻 스쳐가는 아이디어를 곧바로 메모하는 것은 매우 좋은 습관이다.

좋은 아이디어는 때와 장소를 가리지 않고 나타났다가 곧바로 사라진다. 순간적으로 떠올랐던 아이디어가 잠깐의 시간이 지난 후에 생각나지 않았던 경험을 몇 번씩은 해보았을 것이다. 그런 경험을 아쉽게 여긴다면 화장실에도 필기도구를 놓아두는 것이 좋다. 필기도구는 늘 여러분 가까이에 있어야 한다. 그래야만 메모하는 습관을 들일 수 있다.

다른 사람과 대화를 나눌 때, 조용히 필기구를 꺼내 경청과 동시에 메모를 하는 모습은 상대에게 신뢰감을 준다. 이것은 상대방으로부터 강한 신뢰를 얻는 지름길이다. 많은 사람이 상대방의 이야기를 다 알아들은 것처럼 반응하다가 나중에 엉뚱한 질문이나 행동을 하는 경우를 많이 보게 된다. 이러한 우를 범하지 않으려면 기억력의 한계를 인정하고 메모를 하는 것이 좋다.

더욱이 수첩이나 일정표에 꾸준하게 메모를 하면서 한 해를 정리해나가면 1년 동안 자신이 무엇을 했는지 되돌아볼 수 있는 좋은 기록이 된다. 지난 일은 그냥 잊는 것이 아니라 정리와 반성을 통해 미래를 위한 밑거름으로 활용해야 한다. 천천히 지난 일을 정리하려면 기억 속에 남아 있는 것만을 끄집어내는 것으로는 부족하다. 그때, 필요한 것이 바로 메모다. 따라서 메모하는 습관을 체계적으로 몸에 배게 하려는 노력이 중요하다. 메모하는 습관은 성공을 위한 초석인 것이다.

# 모든 것은 마음먹기에 달렸다

'경제는 심리다' 라는 말이 있다. 이는 모든 경제주체들이 경제를 긍정적으로 바라보면 경제가 좋아지고, 그 반대가 되면 나빠진다는 의미다. 또한 불교용어에 '일체유심조(一切有心造)' 라는 것이 있다. 이는 세상의 모든 것은 마음먹기에 따라 달라진다는 의미다. 사는 것이 지겹다고 생각하면 정말로 지겨워지는 것이고, 행복하다고 생각하면 정말로 행복해지는 것과 같은 이치다. 실제로 살다보면 짜증나는 일을 겪기도 한다. 그럴 때마다 나는 '일체유심조' 를 떠올리곤 한다.

한 나라의 경제주체인 국민과 기업 그리고 정부의 기본단위는 역시 사람이므로 무엇보다 사람의 마음이 중요하다. 따라서 리더는 사람들이 기본적으로 어떤 마인드를 지니고 살아가는가를 염두에 두어야 한다. 아무리 옳은 목표를 제시했더라도 그것을 따라야 하는 사람들의 마인드가 그 쪽이 아니라면 결과는 전혀 엉뚱하게 나올 수 있기 때문이다.

세상만사가 마음에 달렸다면, 우리에게 중요한 것은 그 '마음을 어떻게 다스릴 것인가' 하는 것이다. 마인드 컨트롤(Mind Control)을 어떻게 하느냐에 따라 하루하루가 달라지고, 그것이 모여 인생이 결정된다면 우리는 마음을 다루는데 늘 최선을 다해야만 한다.

무더운 날 '덥다, 덥다' 외쳐봐야 더위는 사라지지 않는다. 오히려 마음을 굳게 먹고 운동으로 땀을 쭉 뺀 다음 찬물 한 바가지 뒤집어쓰는 것이 더 시원하다. 이처럼 더위를 즐기는 자세가 바로 일체유심조의 정신일 것이다.

요즘, 도무지 살아날 기미를 보이지 않는 경기침체로 많은 사람의 마음이 지쳐 있다. 이럴 때일수록 리더는 사람들이 미래지향적으로 멀리 내다보고 뛰어갈 수 있는 분위기를 만들어주어야 한다.

마음이 불편할 때는 스스로 마음을 가라앉히는 지혜가 필요하다. 마음이 편치 않으면 세상 모든 것이 뒤틀려 보이기 때문이다. 이는 마치 검은색 안경을 쓰고 세상을 바라보면 온통 검은색으로 보이는 것과 같은 이치다. 중요한 것은 그 안경을 다른 사람이 씌워주는 것이 아니라, 스스로 쓴다는 것이다.

스스로 쓴 안경을 벗어라. 그래야만 맑은 세상을 볼 수 있다. 지금의 경제상황이 온통 회색으로 보일지라도 안경을 벗으면 부분적으로 맑게 보이는 곳이 있을 것이다.

　사실, 우리는 이전세대보다 훨씬 살기 좋은 세상에서 살고 있다. 그럼에도 불구하고 현대인은 상대적인 빈곤감에 시달린다. 그 이유는 다른 사람과 자신을 비교하면서 현재상황을 판단하기 때문이다. 늘 현재를 긍정적으로 바라보며 미래를 설계하는 자세가 필요하다. 그것이 바로 행복을 만드는 지름길이다. 모든 것은 마음먹기에 달린 것이다.

## ■■ 상상을 현실화하는 자기만의
## 커뮤니케이션이 필요하다

사람들은 보통 현실에 발을 딛고 머릿속으로는 하고 싶은 일을 꿈꾼다. 그것이 실제로 이루어지든 아니든 많은 상상을 하는 것이다. 중요한 것은 그러한 상상이 의외로 많은 것을 이루게 하는 동기가 된다는 점이다. 특히 긍정적으로 꼭 이루어질 것이라는 상상을 하면 효과가 뛰어나다고 한다.

'바이오 피드백' 은 일종의 행동치료법으로, 기계장치에 나타난 환자의 생리적 변화를 읽고 어떤 반응을 유도하거나 다른 상태로 변화시키는 것이다. 예를 들어 심장박동이 빠른 사람에게는 모니터를 통해 심장박동의 변화를 지켜보면서 '긴장을 풀고 평화롭고 고요한 해변에 앉아 넘실거리는 파도를 바라보는 상상을 해보라' 고 주문한다. 이런 훈련을 하면 실제로 심장박동수가 느려진다고 한다.

세계적으로 유명한 심리치료사 스테파니 시몬튼(Stephanie

Simonton)은 상상훈련법을 통해 암 환자들을 전문적으로 치료하고 있다. 그는 건강한 백혈구가 암세포를 공격하여 파괴하는 상상을 하도록 하면, 암세포가 현저하게 줄어들고 심지어 완전히 치료되는 환자도 있다는 연구결과를 발표하였다.

세계적인 헤비급 챔피언이었던 권투선수 무하마드 알리도 이러한 상상법을 활용하여 최고의 선수가 되었던 것으로 유명하다. 그는 경기가 시작되기 전 라커룸에서 링에서 TV 앞에서 모든 대중매체 인터뷰에서 자신이 최고라고 큰소리쳤고 늘 "나는 나비처럼 날아 벌처럼 쏠 것이다" 혹은 "5회전 안에 상대를 쓰러뜨릴 것이다"라고 외쳐댔던 것이다.

상상만으로도 암세포를 죽이고 헤비급 세계 챔피언을 쓰러뜨릴 수 있다면, 거기에는 분명 뭔가가 있는 것이다. 긍정적인 상상을 하라. 성공하겠다는 의지를 다지고 머릿속으로 10년, 20년 후를 상상해보라. 예를 들면 1년에 벌어들이는 수입의 구체적인 액수와 기사가 운전해주는 멋진 차에서 사람들의 시선을 받으며 내리는 모습을 상상해보는 것이다. 중요한 것은 상상만으로 그치면 그것은 말 그대로 몽상에 불과하다는 점이다. 긍정적인 상상을 했다면 그것을 성취하기 위한 노력이 뒤따라야 한다.

알리가 큰소리만 치고 자신의 실력을 키우지 않았다면, 그는 오히려 자신이 링 바닥에 피를 토했을 가능성이 높다. 암세포를 죽이는 상상을 하되 의지가 없는 상상이었다면, 암세포를 죽일 가능성은 현저하게 떨어질 것이다. 성공은 상상의 실현으로 이루어진다. 늘 멋지게 미래를 상상하되, 그 미래를 향해 달려가려는 강한 의지가 함께해야 한다. 상상을 현실화하는 것이 바로 성공이다.

# ■■ 진인사대천명(盡人事待天命)의 자세

나는 '진인사대천명'이라는 말을 아주 좋아한다. 대학시절에는 '주어진 조건 안에서 최선을 다하라'는 말을 좋아했는데, 이는 진인사대천명과 일맥상통한다.

많은 사람이 성공을 꿈꾸며 성공의 길로 가고자 한다. 개중에는 꾸준히 노력하여 성공의 열매를 따는 사람도 있지만, 대부분의 사람들이 열매를 거두지 못하고 도중에 포기하고 만다. 포기하거나 실패한 사람이 공통적으로 하는 말은 "하노라고 했는데, 안 되더라"는 것이다. 그때마다 나는 되묻곤 한다.

"정말로 최선을 다했는가? 진인사대천명 했는가?"

세기적인 과학자 토머스 에디슨은 "천재는 1퍼센트의 영감과 99퍼센트의 노력으로 만들어진다"고 말했다. 99퍼센트의 노력이 바로 '진인사'다. 사람에겐 무한한 가능성이 잠재되어 있다고 한다. 문제는 자신이 지닌 가능성을 100퍼센트 발휘하지 못하고 인생을 마감하는 사람이 대부분이라는 것이다.

‘진인사’ 한 후에 ‘대천명’ 해야지, 처음부터 하늘만 믿고 열심히 노력하지 않으면 성공할 확률은 뚝 떨어진다. 앤서니 라빈스(Anthony Robbins)의 저서 『네 안에 잠든 거인을 깨워라』가 최근에 베스트셀러가 된 것도 많은 사람이 자신 속에 있는 잠재력을 믿고 있기 때문이다.

모든 사람에게는 자신도 모르는 잠재력이 있다. 단지 최선을 다해 그 잠재력을 꺼내 쓰지 못하고 고스란히 무덤까지 갖고 간다는 것이 문제다.

여러분에게 진정으로 ‘진인사’ 라는 말을 쓸 자격이 있다고 생각하는가? 여러분 자신을 돌아보고 이 질문에 한번 대답해보라. 그렇게 스스로를 돌아보지 않으면 실패를 하고도 늘 변명을 늘어놓는 낙오자로 남게 될 뿐이다.

하루하루를 보내면서 최선을 다하고 있는가? 어떤 문제에 직면했을 때, 최선을 다해 해결하려 노력하는가? 누군가를 설득하려 할 때, 진심으로 최선을 다했는가?

이런 질문에 자신 있게 ‘그렇다’ 고 대답할 수 있는 사람은 많지 않을 것이다. 그렇다면 성공확률은 낮아질 수밖에 없다. 성공확률을 끌어올리려면 ‘그렇다’ 는 대답을 할 수 있도록 해야 한다. ‘하늘은 스스로 일어서려고 하는 자만 일으켜 세운다’ 고 한다. 성심성의를 다한다면 일은 풀리게 되어 있다.

내가 맡고 있는 방송에 출연했던 한 중소기업가는 자신의 경험담을 이렇게 들려주었다.

"제가 새롭게 사업을 시작했을 때는 이미 경쟁자들이 시장을 선점하고 있었습니다. 저는 시장에 진입하기 위해 매일 새벽에 목표로 하는 상점 앞에 서 있다가 주인이 나타나면, 먼저 나서서 문을 열어주고 물건도 진열해주면서 진심으로 거래하고 싶다는 마음을 전했죠. 몇 개월 동안 그렇게 마음을 쏟았더니 드디어 첫 번째 주문자가 생기더군요."

그의 얘기를 들으면서 나는 저런 자세가 바로 '진인사' 라는 생각을 했다. 세상의 모든 일은 늘 최선을 다하는 사람의 몫이다. '최선을 다했는데도 내 몫은 별로였다' 고 말하는 사람은 사실은 최선을 다하지 않았으면서 최선을 다했다고 착각하는 것이다.

학창시절을 떠올려보라. 그 시절에 1등을 하는 학생은 두 부류 중 하나다. 하나는 타고난 천재형이고 다른 하나는 노력형이다. 상대적으로 머리가 좋지 않아도 노력하는 사람은 좋은 결과를 얻게 마련이다. 이것이 바로 '진인사' 하는 자세다.

진정으로 성공하고 싶다면, 자신이 정말로 '진인사' 하고 있는지 돌아보고 스스로를 일으켜 세우려 노력해야 한다. 진심으로 '진인사대천명' 하라. 성공을 꿈꾸는 사람은 모두 그런 자세를 지녀야 한다.

## 균형감각

사람마다 감각이나 시각, 생각은 모두 다르다. 그렇기 때문에 다른 사람의 생각을 받아들이고 포용할 줄 아는 사람이 성공의 고지에서 유리한 위치를 차지하는 것이다. 성공하는 사람, 존경받는 사람은 다른 사람의 입장을 이해하려 애쓰고 포용하려는 큰마음을 지니고 있다. 실제로 상대방의 입장에 서서 생각하고 이해하려 애쓰면 어떤 문제나 갈등도 쉽게 풀린다.

태어날 때부터 근본이 다르고 자라난 환경과 여건이 다른 상황에서 같은 생각을 한다는 것은 거의 불가능한 일이다. 이때, 우리가 지녀야 할 중요한 감각이 바로 '균형감각' 이다. 이는 양쪽을 살피려는 자세 혹은 양쪽의 어려움을 이해하려는 자세를 말한다.

조선시대, 황희 정승의 유명한 일화가 있지 않은가!

어느 날, 두 대신이 심하게 다투고 있었다. 서로 논쟁이 길어지자 그들 중의 한 명이 황희 정승에게 마치 구원이라도 청하듯 자기 입장을 늘어놓았다. 그 말을 들은 황희 정승은 "그대의 말이 맞구려"라고 대답했다. 그러자 다른 대신이 말도 안 된다며 자신의 의견을 쏟아놓았다. 그 말을 들은 황희 정승은 또 다시 "그대의 말이 맞구려"라고 대답했다. 이를 보고 있던 황희 정승의 수행원이 "아니 양쪽 대신에게 모두 맞다 하시면 어느 대신의 말이 맞는 것인지 알 수 없지 않습니까"라고 했더니, 황희 정승은 "그래 네 말도 맞구나"라고 했다는 것이다.

이 일화에는 황희 정승에게 소신이 없다는 것이 아니라, 누구의 주장이든 일리가 있는 법이니 함부로 단언하지 말라는 뜻이 담겨 있다.

누구에게나 입장이 있고 그 소신에는 일리가 있는 법이다. 따라서 어떠한 주장일지라도 귀 기울여 듣고 균형감각을 유지하면서 결론을 유도해내야 한다. 특히 오늘날에는 일방적으로 밀어붙이는 식의 리더십은 설득력이 떨어져 크게 마찰을 빚을 위험이 있다.

요즘의 정치판을 보면 이러한 균형감각의 부족으로 늘 싸움판이 되고 있는 듯한 느낌을 지울 수가 없다. 균형감각이라는 것은 어느 날 갑자기 생겨나는 것이 아니라, 어려서부터 늘 상대방을 배려하는 습관을 갖도록 훈련을 받아야만 가능한 것이다.

따라서 우리가 세계화 시대의 중심이 되려면 다음 세대에게 균형감각을 가르쳐야 한다. '나' 중심적 사고가 아니라 '너' 중심적 사고 위에서 균형있는 판단을 내리는 것이 선진화·세계화 시민으로서의 성숙함을 보여주는 자세다.

기성세대 역시 지금부터라도 자세를 바꾸려는 노력을 기울여야 한다. 상대방을 용서하고 이해하려는 자세를 보이지 않는 한, 대립과 갈등은 계속될 것이고 그것은 결과적으로 국가경쟁력을 떨어뜨릴 것이기 때문이다. 다같이 '이런 경우, 상대방은 어떤 기분일까?' 라고 한번만 더 생각하는 노력을 기울였으면 한다.

균형감각이 있는 사람은 경쟁력 있는 리더가 될 수 있다.

# ■ ■ 피그말리온 효과(Pygmalion Effect)

피그말리온은 그리스 신화에 나오는 조각가의 이름으로 그는 자신이 만든 조각상을 너무도 사랑한 나머지 신에게 조각상에 생명을 불어넣어주기를 간절히 기원한다. 그가 어찌나 간절히 원하던지 그에 감동한 신은 결국 그의 부탁을 들어준다.

이처럼 누군가를 향한 기대나 예측이 그대로 실현되는 것이 바로 '피그말리온 효과'다. 하지만 우리는 스스로의 잠재력을 과소평가하는 것은 물론, 타인을 평가할 때도 그리 후하지 않다. 만약 한 사람의 운명을 바꿔놓는 것 중에서 가장 큰 비중을 차지하는 것이 상대방에 대한 믿음이라면 그런 자세에 변화가 올까? 실제로 믿음은 커다란 효과를 발휘한다.

예를 들어 어머니가 자식을 믿고 훌륭한 사람이 되기를 기원하면서 정성을 다하면, 그것은 자식에게 엄청난 힘이 된다. '너는 잘될 것이다', '너는 훌륭한 사람이 될 것이다'라고 믿음을 보여주면 그렇지 않은 경우보다 자식의 성공확률은 훨씬 높아진다고 한다.

가능성을 믿어주면 기대에 부응하는 결과가 일어나는 것을 '피그말리온 효과'라고 한다. 이것은 자기 자신에 대한 믿음도 마찬가지다. '난 할 수 있다', '난 크게 성공할 것이다'라는 믿음이 있는 사람은 성공확률이 높다. 자신의 정신세계에서 스스로 잠재의식을 깨우는 기능이 가동하기 때문이다.

그렇기 때문에 인생에서 자신의 존재를 인정해주고 격려해주는 멘터를 찾는 것은 매우 중요하다. 멘터는 자신을 따르는 사람에게 피그말리온 효과를 크게 줄 수 있기 때문이다. 예를 들어 스승이 제자의 잠재력을 믿고 인정해주면 제자는 그 기대에 부응하기 위해 더 많은 노력을 하게 되고, 결과가 좋으면 스승의 애정과 기대가 더욱 커지는 선순환이 일어난다. 이로써 피그말리온 효과가 극대화하는 것이다.

성공은 기대와 믿음의 크기만큼 이루어진다. 그것이 크고 강할수록 더 큰 성공을 이루는 법이다. 기대와 믿음을 통해 꿈을 현실화하는 것이 곧 성공이고, 이것이 바로 피그말리온 효과다.

# ■■ 모든 일에 감사하라

똑같은 인생을 살아가면서 어떤 사람은 늘 즐겁고 행복한 마음으로 살아가고, 어떤 사람은 늘 불만족스럽고 불행한 삶을 살아간다. 매사에 늘 고맙다는 마음자세를 유지하는 것은 아주 중요하다. 그런데 대부분의 사람들이 다른 사람과 자신을 비교하면서 늘 부족함을 느끼고 자신이 불행하다는 생각을 한다.

"범사에 감사하라!"

성경에 나오는 말이다. 성경에서 이런 자세를 강조할 정도로 우리는 늘 위를 쳐다보며 살아간다. 언제나 더 큰 것, 더 좋은 것, 명예, 권력, 부를 향해 질주하는 것이다.

영어에서 '감사'라는 말은 여러 가지로 표현되는데, 그 중 라틴어 'gratus'를 어원으로 하는 'gratitude'는 '기쁘게 해준다'라는 의미를 담고 있다. 즉, 감사한다는 것은 곧 남을 기쁘게 해주는 일이라는 뜻이다.

늘 감사할 줄 아는 사람은 매사에 긍정적이며 모든 것을 소중하게 여길 줄 안다. 특히 감사하는 마음은 스트레스를 줄여주고 부정적인 감정을 완화시켜 건강에 좋다고 한다. 감사하는 마음은 신체적인 건강상태도 증진시키는 것이다. 또한 감사할 줄 아는 사람은 보다 긍정적이고 낙관적이며 사고가 유연해져 문제 해결능력도 뛰어나다.

감사하는 마음은 마음 그 자체도 중요하지만, 그것을 표현하는 것은 더욱 중요하다. 아무리 감사하는 마음이 있더라도 그것을 표현하지 않으면 무용지물이 될 수 있기 때문이다. 감사하는 마음이 있다면 그것을 그대로 표현하라. 감사 쪽지를 남기거나 메시지를 보내는 것도 좋은 방법이다.

무엇보다 좋은 것은 손을 잡고 눈을 쳐다보면서 '고맙다' 라고 말하는 것이다. 사소한 것일지라도 감사한 마음이 들었을 때, 그렇게 표현하면 감동이 커진다. 그것이 바로 올바른 커뮤니케이션 자세다. 특히 윗사람이 아랫사람에게 '고마워' 라는 말을 건네면 아랫사람은 크게 감동한다. 그럼에도 불구하고 윗사람은 보통 그런 말에 인색하다. 서양인이 동양인에 비해 유독 많이 쓰는 말 중의 하나가 'Thank You' 다. 이 말을 많이 쓰면 쓸수록 사회는 부드러워지고 인간관계는 좋아진다.

지금부터라도 주변의 모든 것이 나를 위해 존재하고 또한 나

를 돕고 있다는 생각을 해보라. 아마도 모든 것이 고맙게 느껴지
고 감사의 말을 전하고 싶어질 것이다. 아침에 눈을 뜨면서 '내
가 살아있구나. 나를 반겨주는 사람과 자연이 나를 기다리고 있
구나' 라는 생각으로 하루를 시작해보라. 아마도 집 밖으로 나서
면서 만나는 모든 사람에게 자연스럽게 인사를 나누고 말 한 마
디라도 건네게 될 것이다. 이렇게 생활하는 사람 곁에는 늘 사람
들이 모여들고 그는 행복한 삶을 영위하면서 성공의 길로 나아
가게 될 것이다.

# ▪▪▪ 마음을 바꾸면 세상이 다르게 보인다

'회두청산(回頭靑山)' 이라는 말이 있다. 이는 '고개를 돌려보니 그토록 찾아다니던 푸른 산이 거기에 있다' 라는 의미다. 세상의 진리나 자신이 얻고자 하는 것을 열심히 찾아 헤매다가 나이가 들어 지친 육신을 추스르며 마음을 바꿔 세상을 바라보니 자신이 그토록 찾아 헤매던 것이 곁에 있더라는 얘기다.

많은 사람이 자신에게 주어진 것을 복으로 생각지 않고 더 큰 것을 찾아 헤맨다. 우리가 어렸을 때 보았던 동화처럼 파랑새를 좇는 사람이 너무 많은 것이다.

세상은 늘 그 자리에 서 있다. 단지 그것을 바라보는 사람이 어떻게 보느냐에 따라 달라질 뿐이다. 똑같은 날씨를 보고도 느끼는 것이나 생각이 다를 수 있다. 이는 환경이나 상대는 그대로 있는데, 사람의 마음이 다르기 때문이다. 그렇기 때문에 긍정적인 마음자세, 즉 감사하는 마음이 중요하다.

나 역시 욕심을 부려 간혹 마음을 상하는 경우가 있다. 돌이켜

보면 부질없는 짓이고 과욕에서 불거진 문제라는 생각에 후회를 하기도 한다.

불행한 일을 반복하는 사람은 그 이유를 대부분 외부에서 찾는다. 그러나 행복한 사람은 매사에 감사하는 마음으로 살아간다. 이처럼 긍정적 자세로 사람을 대하면 상대방도 덩달아 기분이 좋아져 서로 자연스럽게 선순환 구조로 들어서게 된다. 즉, 주변 사람들이 모두 행복바이러스에 감염되는 것이다. 따라서 우리는 늘 자신의 주변 환경과 사람들에게 감사하고, 자연과 환경 그리고 사람들과 어떻게 하면 친화적으로 살아갈 수 있을 것인가를 생각해야 한다.

긍정적인 삶을 가로막는 가장 큰 장애는 밝은 쪽보다 어두운 쪽을 먼저 보고, 남의 것을 더 크게 보며 미래를 생각하지 않고 현재의 만족을 위해 소중한 시간을 허비하면서 맹목적으로 남을 따라하는 것이다. 그러나 어려운 상황 속에서도 실패와 시련을 극복하는 사람은 같은 상황이라도 밝은 면을 먼저 본다. 또한 스스로 선택하고 결정하며 나쁜 일 속에서도 좋은 점을 찾아내고 긍정적인 질문을 던져 긍정적인 답변을 얻어낸다.

긍정적 지혜를 만들어가는 습관이 행복과 성공을 가져다준다. 그러므로 먼저 자신의 표정을 밝게 바꿔 좋은 일이 찾아오도

록 마음의 문을 열고, 긍정적인 말을 하면서 성공으로 다가가야

한다. 더불어 공감과 배려로 지지를 이끌어내고 먼저 베풀어 더

많은 것을 얻는 자세로 살아가는 것이 중요하다.

## ‘식자우환(識字憂患)’의 우를 범하지 않아야 한다

‘식자우환’이나 ‘선무당이 사람 잡는다’는 말은 제대로 아는 지식이 아닌 것으로 판단하고 행동하면 여러 사람에게 피해를 주고 때로는 사람을 잡기까지 한다는 뜻이다. 지식이든 정보든 정확하게 알지 못하면서 자신이 아는 범위 내에서 판단하는 것은 위험하다는 얘기다.

사람은 나이가 들수록 보수적이고 새로운 변화를 싫어하며 현실에 안주하려는 경향이 강하다. 그러나 ‘불혹(不惑)의 나이 40’이라는 말에 현혹되지 않기를 바란다. 요즘처럼 새로운 것이 지속적으로 쏟아져 나오고 모든 것이 빨리 변하는 세상에서 자신이 알고 있는 것만 믿고 판단하다가는 큰코다치기 십상이다.

과거 공자시대에는 평균연령이 채 50이 안 되었고, 세상도 그리 빠르게 변하지 않았기 때문에 인생 40이면 세상의 흐름을 많이 이해하고 큰 실수는 하지 않을 나이였을지 모르지만, 요즘의 40세는 그렇지 못하다. 오히려 세상물정이나 흐름을 제대로 파악하고 올바른 판단을 하기에 역부족인 경우가 많다.

‘불혹’ 이라는 말에는 혹시나 하는 의문이 생기지 않는다는 뜻으로 세상일을 늘 바르게 판단할 수 있다는 의미가 담겨 있다. 그러나 오늘날에는 40세가 되더라도 언제나 겸손하게 다른 사람의 생각과 세상의 새로운 흐름을 직시해야 한다.

‘불혹’ 의 함정에 빠지지 않으려면 항상 세상을 뒤집어보는 자세가 필요하다. 고루한 사람으로 퇴조하지 않기 위해서는 새로운 것에 관심을 기울이고 배우려는 자세를 유지해야 하는 것이다.

내가 이러한 함정에 빠지지 않는 방법으로 추천하는 것이 ‘독서’ 다. 한 달에 최소한 네 권 정도의 책을 읽으라고 권하고 싶다. 그것이 세상의 변화를 가장 빨리 인식할 수 있는 방법이기 때문이다. 또한 젊은이들과의 모임에 적극적으로 참여하는 것도 좋다. 그것은 새로운 사고방식과 흐름을 이해할 수 있는 좋은 기회이기 때문이다. 세상의 흐름을 잘 파악하고 동참해야 ‘식자우환’ 이나 ‘불혹’ 의 함정에 빠지지 않을 수 있다.

# 주경야독(晝耕夜讀)하는 자세

직장인들 사이에 유행하는 말로 샐러던트라는 것이 있는데, 이는 '샐러리맨(Salaryman)'과 '스튜던트(Student)'의 합성어로 '일하면서 공부하는 사람'을 의미한다. 이들은 직장을 다니면서 새로운 영역이나 자신의 분야에서 보다 전문성을 확보하기 위해 지속적으로 공부하는 사람들이다.

통계에 의하면 갈수록 샐러던트가 증가하고 있다고 하는데, 이것은 곧 현실생활에 불안감을 느끼거나 미래에 보다 나은 직업을 얻으려는 사람이 많다는 것을 의미한다. 특히 주5일제가 도입되면서 자유시간이 늘어남에 따라 자기계발에 시간을 투자하는 현상은 더욱 가속화하고 있다.

21세기 들어, 우리 사회는 빠른 변화의 소용돌이 속에 놓여 있다. 세계화에 따른 경쟁의 심화와 인터넷 혁명으로 공간과 거리가 파괴되면서 그야말로 세계는 작은 지구촌으로 변하고 있는 것이다. 이러한 변화 속에서 살아남으려면 지속적인 자기계발을 통해 경쟁력을 확보하는 것이 필수적이다. 가만히 서 있는 것만으로도 도태되는 세상이기 때문이다.

이런 모습은 선진사회에서는 이미 오래 전부터 있던 일이다. 선진국으로 진입하려면 구성원들의 경쟁력이 한 단계 업그레이드해야 하기 때문에 구성원 스스로 자신의 경쟁력을 높이기 위해 시간과 비용을 투자해야 한다. 이는 마치 축구선수가 아마추어 수준을 벗어나 프로세계로 입문하기 위해서는 새로운 훈련과 노력을 기울여야 하는 것과 같다.

한 단계 업그레이드하지 않고 새로운 시대에 주인공이 된다는 것은 불가능하다. 따라서 요즘의 샐러리맨은 항상 바쁘게 움직인다. 그들에게 주말을 이용하거나 주경야독을 통해 자신의 부족한 점을 메우고 새로운 전문성을 습득하는 과정에 참여하는 것은 당연한 일이다.

이제 우리 사회에서 평생직장이라는 개념은 사라져버렸다. 이는 선진국으로 가면서 생기는 자연스러운 사회적 현상이다. 경쟁력 없는 사람은 도태되고 새롭게 경쟁력 있는 인재가 영입되어야 그 조직이 글로벌경쟁에서 살아남을 수 있기 때문이다.

나 역시 주경야독을 생활화하고 있다. 직장생활을 할 때는 물론 새로운 길에서 원했던 목표를 이룬 지금도 나는 학습의 자세를 버리지 않고 있다. 그리고 주변의 많은 사람에게 늘 시간을 아껴 미래를 위해 자기계발을 하라고 권한다. 계속 뒤로 미루기만 하는 사람이 얻을 수 있는 것은 아무것도 없다. 미루는 사람에게 미래는 존재하지 않는다.

늘 학습하는 자세를 유지하는 사람은 세 가지 이점을 누릴 수 있다.

첫째, 스스로 지식을 터득하게 되어 경쟁력이 높아진다.

둘째, 늘 학습하는 자세로 타인에게 좋은 인상을 주어 후광효과(後光效果; Halo Effect)가 높아지며 이는 인간관계에 유리하게 작용한다.

셋째, 대인관계의 범위를 넓힐 수 있는 기회가 많아져 성공에 다가가는데 보다 유리하다.

# ■■ 직장인의
# 성공적인 커뮤니케이션

대다수의 사람이 직장생활을 통해 사회에 첫 발을 내디딘다. 그리고 하루 중 대부분의 시간을 직장에서 보낸다. 따라서 직장생활을 어떻게 보내느냐에 따라 인생 자체가 즐거워지기도 하고 지겨워지기도 한다. 직장인이라면 누구나 직장에서 사랑받고 존경받고 싶어한다. 어쩌면 그것이 승진보다 더 큰 만족감을 안겨줄 수도 있다.

직장생활을 성공적으로 하기 위한 기본적인 자세는 다음과 같다.

첫째, 직장에서 적극적으로 행동한다. 인간관계를 시작하는 기초적인 커뮤니케이션은 바로 '인사' 다. 그러므로 회사 내에서는 항상 먼저 밝게 인사하는 습관을 들이는 것이 좋다. 만나는 사람마다 겸손하고 명랑하게 '안녕하세요' 라는 인사를 먼저 건네는 것은 소중한 커뮤니케이션이다.

적극적인 인상을 심어주는 또 다른 방법은 일찍 출근하는 것이다. 또한 허리를 곧게 펴고 빨리 걷는 모습도 적극적인 인상을 줄 수 있다. 악수를 할 때는 힘 있게 하는 것이 좋으며 앉을 때는 바른 자세를 취하는 것이 좋다. 더불어 상대방과 이야기할 때 메모하는 모습을 보이면 경청하는 자세와 성실한 모습으로 좋은 인상을 남길 수 있다.

둘째, 직장 내에서 인간관계에 빨리 적응한다. 그러기 위해 상대방을 존경하는 마음자세를 유지하고 기회가 있을 때마다 칭찬을 아끼지 않으며 상대방을 이해하는 자세로 적극 협조하는 것이 좋다.

셋째, 화술을 익힌다. 화술은 직장생활을 잘하기 위한 일종의 전략으로, 말하는 방법은 인간관계 형성에 커다란 영향을 미친다.

여기에 화술을 익히는 요령을 간단하게 소개한다.

▶ 책을 많이 읽어 중요한 문장이나 어휘를 충분히 습득한다.

▶ 자신만의 말하는 스타일을 만들어나간다.
자신의 품격에 맞는 스타일을 개발하는 것이 좋다.

▶ 정확한 언어 사용과 분명하게 발음하는 연습을 한다.
펜을 입에 물고 발음연습을 하는 것도 효과적이다.

▶ 발성연습을 통해 목소리를 조절한다.
목소리도 중요한 커뮤니케이션 요소이기 때문이다.

▶ 생각을 정리하여 문장으로 표현하는 연습을 한다.
글을 쓰는 습관은 말할 때 논리적이고 체계적인 말을
하는데 커다란 도움이 된다.

## 이력서를 잘 작성하는 것도 중요한 커뮤니케이션 요소다

자신을 다른 사람에게 알리는 중요한 수단 중의 하나가 '이력
서'다. 이력서는 말 그대로 지금까지 살아오면서 축적한 학력,
경력, 수상경력, 경쟁적 우위요소 등을 적절하게 기록해 상대방
이 한눈에 그 사람의 많은 것을 파악하도록 도와주는 커뮤니케
이션 수단이다. 이러한 이력서를 잘 작성하여 활용하면 복잡하

게 설명하는 것보다 더욱 효과적일 수 있다.

이력서나 자기소개서로 보다 효과적이고 좋은 결과를 내려면, 그것을 작성할 때 다음과 같은 몇 가지 사항을 염두에 두어야 한다.

첫째, 내용이 진실해야 한다. 자신을 돋보이기 위해 혹은 자신의 약점을 가리기 위해 많은 경우 이력서가 허위 또는 과장되거나 심지어 거짓으로 작성되는 경우가 있는데, 그것은 언젠가 드러나게 마련이고 더 나아가 치명적으로 작용하게 된다.

둘째, 자신의 다양한 정보를 일목요연하게 정리하는 것이 좋다. 이력서는 자신의 기본적인 사항을 짧은 시간 내에 상대방에게 보여주는 수단이므로, 전반적인 사항을 보여주되 상대방이 흥미를 느낄 수 있도록 작성해야 한다. 많은 이력서가 상대방의 흥미를 끌어내지 못해 곧장 휴지통으로 들어가고 만다는 사실을 기억하라.

셋째, 핵심을 찔러 간결하게 쓴다. 장황하게 늘어놓은 이력서는 아예 읽어볼 생각도 나지 않는다. 따라서 한눈에 핵심적으로 어떤 경쟁력을 갖추고 있는지 확연히 알 수 있도록 작성해야 한다.

넷째, 과거의 실적을 명확히 나타낸다. 이는 자신의 장점이나 경쟁력을 돋보이게 하는 중요한 요소다. 과거의 실적을 보여주는 것은 커다란 힘이 된다.

　다섯째, 오탈자를 남기지 않는다. 이력서의 오탈자는 자신의 얼굴에 오점을 남기는 것과 같다. 따라서 이력서를 작성한 후에 틀린 곳이 없는지 여러 번 살펴보는 것이 좋다. 이력서의 오탈자는 자신의 무성의함을 그대로 노출시키는 가장 큰 실수다.

　여섯째, 이력서에 붙이는 사진은 가능한 한 전문가에게 부탁한다. 같은 사람도 누가 찍느냐에 따라 느낌이 전혀 다르다. 그러므로 좀더 투자를 해서 제대로 찍은 사진을 활용하는 것이 좋을 것이다.

　요즘에는 이력서나 자기소개서를 자유롭게 작성하는 것이 상례이므로 편안하게 때와 장소에 맞는 스타일로 작성해도 무방하다. 다만 자신의 강점과 경쟁력을 한껏 표현할 수 있는 커뮤니케이션 수단으로 인식하고 활용하는 자세가 필요하다.

# ■■ 열정적인 모습 그 자체가 훌륭한 커뮤니케이션이다

사회생활을 영위하면서 가장 소중한 것은 삶과 일에 열정을 보이는 것이다. 열정은 무한한 가능성을 열게 해주는 에너지이자 상대방에게 확신을 주는 전략적 요소다.

우체부 아저씨를 주인공으로 이야기를 전개하고 있는 『Fred factor』라는 책은 미국에서 많은 사람에게 잔잔한 감동을 안겨주었다. 이 이야기는 미국의 한 작은 마을에서 일하는 우체부, 프레드가 자신의 일을 진정으로 사랑하고 또한 열정적으로 일하는 모습이 주변 사람들에게 감동과 행복을 준다는 내용이다. 프레드는 비록 남의 눈에 띄는 일을 하는 것은 아니지만, 강한 자부심으로 하나에서 열까지 열정적으로 일해 주변 사람들에게 행복바이러스를 퍼뜨린다. 그를 만난 사람은 누구나 프레드의 열정에 감동하고 그에게 깊은 신뢰를 보내곤 했다. 그가 뿜어내는 일에 대한 사랑과 열정이 커뮤니케이션을 통해 고스란히 상대방에게 전달되었기 때문이다.

같은 일을 할지라도 일에 대한 사랑과 열정으로 일하는 사람과 그렇지 않은 사람 간에는 결과에 있어서 엄청난 차이가 발생한다. 진정으로 열심히 일하는 모습은 그 자체로 신뢰를 불러일으킬 뿐 아니라 존경심까지 우러나게 한다.

그러므로 인생에서 우리가 늘 지녀야 할 것이 바로 열정이다. 열정을 지니려면 우선 생명활동을 할 수 있다는 사실에 감사해야 한다. 사람으로 태어난 것이 얼마나 소중한 일인지에 대해 자기철학이 있어야 하는 것이다. 한번밖에 살 수 없는 인생을 보람 있고 멋지게 살려면 삶의 소중함을 분명하게 느껴야 한다.

그 다음으로 자신이 하고 있는 일을 진정으로 사랑해야 한다. 자신이 현재 하고 있는 일이 무엇이든 그것이 세상에 반드시 필요한 일임을 인식하고 최선을 다하겠다는 자세로 하면 열정은 자연스럽게 생겨난다. 반대로 자신이 하는 일을 무시하고 하찮은 것으로 생각하면 열정은 생기지 않는다.

세상의 각 분야에서 뛰어난 업적을 이루고 있는 사람은 그 일에 미쳐 있는 사람들이다. 일에 미치는 것은 열정 없이는 불가능하다. 자신도 모르게 어떤 일에 몰입하게 되는 열중 에너지는 그 일을 사랑하고 열정적으로 임하는 것으로부터 자연스럽게 우러난다.

열정은 남을 움직이는 힘이 있다. 열정적인 사람 곁에 있으면 자신도 모르게 열정적인 사람으로 변해간다. 그렇기 때문에 열정적인 사람을 친구로 삼으면 자신도 그 열정에 감염되어 열정적인 사람이 될 수 있다. 멋지게 열정적으로 살아가는 사람 곁으로 다가서라. 그리고 '나는 열정적인 사람이다' 라는 생각을 마음속 깊이 주입하라. 그렇게 생각하며 열심히 노력하면 분명 열정적인 사람이 될 것이다.

어떤 일에서든 열정을 발휘하면 설득력이 생기고, 그것은 인간관계를 개선하고 잘 이끌어가는 커뮤니케이션의 원동력이 된다.

# 사소한 것일지라도 약속은 꼭 지켜야 한다

사회생활을 하면서 우리는 많은 약속을 하게 된다. 업무, 개인적인 친분, 집안 일 등으로 하게 되는 약속은 인간관계를 돈독히 하는 중요한 커뮤니케이션의 결실이라고 할 수 있다. 그런데 이상하게도 많은 사람이 약속을 소홀히 한다. 그것이 나중에 어떤 영향을 미칠지도 모르고 약속 알기를 우습게 아는 것이다.

약속을 지키지 않는 것은 나쁜 습관 중에서도 아주 고약한 습관이다. 이런 습관은 상대방에게 나쁜 이미지를 남겨 훗날 정말로 중요한 일이 생겼을 때 땅을 치며 후회하게 될 정도로 손해를 입힐 수도 있다.

약속에는 두 가지가 있다. 하나는 시간약속이고 다른 하나는 말에 대한 약속이다.

첫째, 시간약속을 지키는 것은 인간관계에 있어서 기본적인 예의라고 할 수 있다. '코리아타임' 이라는 말은 아예 접어두고 약속시간에 늦지 않도록 최선을 다하는 자세가 필요하다. 사실,

우리 주변에는 돈보다 시간을 더 소중하게 생각하는 사람이 아주 많다. 그들은 돈은 또 벌면 그만이지만, 시간은 한번 지나가 버리면 평생 되돌릴 수 없다는 것을 아는 것이다.

약속시간에 늦은 사람이 늘어놓는 대표적인 변명 중의 하나가 "차가 막혀서..."라는 것이다. 이것은 참으로 궁색한 변명이다. 차가 막히는 것이 어제오늘의 일이 아니라는 것은 누구나 아는 사실인데, 그 정도쯤은 미리 계산하고 다녀야 하는 것이 당연한 것 아닌가!

한번 늦는 것만으로도 이미지가 팍 깎이는 판인데, 이런 사람은 늘 늦는다. 약속시간에 늦는 것이 습관화한 것이다. 반복적으로 약속시간을 어기는 사람은 상대방에게 나쁜 이미지로 각인되고, 그러한 이미지는 그 사람에게 나쁜 결과를 안겨주게 된다. 더욱이 한번 나쁘게 보기 시작하면 그 사람이 설사 좋은 일을 할지라도 그것을 좋지 않게 보는 후광효과까지 나타나고 만다.

약속이 있다면 15분 정도 먼저 도착하겠다는 자세로 좀더 일찍 서두르는 것이 좋다. 미리 도착하면 차분하게 앉아서 대화내용을 정리하거나 책을 읽을 수 있다. 상대방은 미리 와 있는 사람을 신뢰하는 것은 물론 좋은 이미지를 갖게 된다. 더욱이 미리 대화내용까지 정리했으니 나중에 와서 허둥대는 사람보다 한결

능수능란하게 대화를 이끌어갈 수 있다. 상대에게 좋은 인상을 남기고 대화내용까지 자신이 원하는 대로 이끌어갈 수 있으니 일석이조 아닌가!

만약 불가피하게 늦을 경우에는 미리 전화를 해서 상대방이 시간을 낭비하지 않도록 배려를 해야 한다.

둘째, 말에 대한 약속을 지켜야 신뢰를 얻을 수 있다. 기록으로 남지 않는 말이라고 해서 약속을 남발하고 지키지 않는다면 그 사람은 무엇을 해도 신뢰를 얻을 수 없다. 입이 무거워야 한다는 것은 말을 적게 하라는 의미보다는 자신이 실천할 수 있는 일을 말로 표현하라는 의미가 강하다. 가족이든 아는 사람이든 사업상이든 한번 약속을 했으면 지키는 습관을 들여야 한다. 말로 내뱉은 것을 지키지 않으면 신뢰는 깨지고 그것은 결국 자신에게 부메랑이 되어 돌아온다.

약속은 커뮤니케이션의 실천을 보여주는 중요한 요소다.

# ■■ 세계어를 습득하여<br>글로벌 커뮤니케이션 능력을 기르자

바야흐로 지금은 세계화 시대이자 인터넷혁명의 시대다. 세계화의 흐름 속에서 가장 중요한 것 중의 하나는 글로벌 휴먼네트워크라고 할 수 있다. 세계적으로 어떻게 인적 네트워크를 형성하느냐에 따라 그 사람의 글로벌 역량이 결정되기 때문이다.

글로벌 인적 네트워크를 형성하기 위해 무엇보다 필요한 커뮤니케이션 요소는 외국어다. 언어는 국경과 인종, 문화를 넘어 사람과 사람을 이어주는 연결핀의 역할을 하는 요소이다. 아무리 마음이 있을지라도 그것을 제대로 표현하지 못하면 자신을 바로 알릴 수가 없고, 상대방을 올바르게 이해할 수 없다.

언어는 소중한 의사소통 도구다. 특히 같은 한국인이 아니라면 외국어로 의사소통을 할 수밖에 없으므로 영어를 비롯한 세계어를 배우는 것이 글로벌 역량을 높이는 필수조건이라고 할 수 있다. 세계 공용어 중에서도 그 세력범위가 가장 넓은 영어는 필수적이다. 영어는 인터넷에 수록된 모든 정보의 양에서도 단연 으뜸이다. 이는 인터넷 안에 들어가 있는 모든 정보의 90퍼센트 이상이 영어라는 사실만 보아도 알 수 있다.

따라서 우리가 세계로 진출하여 자신의 기량을 마음껏 펼쳐 보이려면 영어는 반드시 넘어야 할 산이다. 영어 다음으로 중요한 외국어를 꼽으라면 나는 '중국어'를 꼽겠다. 중국 본토의 13억 인구와 해외에 있는 화교 1억 명 등 세계적으로 14억 명이 넘는 인구가 중국어를 쓰고 있기 때문이다. 특히 전 세계 경제에서 중국이 차지하는 비중이 빠른 속도로 커지고 있는 것을 감안한다면, 중국어를 습득하는 것은 미래의 경쟁력을 높이는데 있어서 매우 중요한 일이다. 인구 면에서 볼 때, 영어와 중국어를 습득하면 전 세계 인구의 절반과 의사소통이 가능한 셈이다.

언어는 어릴 때부터 습득하는 것이 좋다. 어른이 되어 습득하려면 많은 시간과 노력이 필요하기 때문이다. 다행히 우리나라 국민은 최소한 6년 이상 영어를 공부한 기초가 있기 때문에 성인이 되어서도 매일 꾸준히 노력한다면 일상적인 의사소통 정도는 가능하다.

중요한 것은 노력이다. 언어는 자연스럽게 몸에 배일 정도로 노력하겠다는 자세로 임해야 습득이 가능하다. 생각날 때마다 혹은 어쩌다 노력하는 것으로는 절대로 언어능력이 늘지 않는다.

같은 사고와 문화 속에서 살아가는 한국인끼리도 의사소통이 잘 되지 않아 오해를 낳고 싸우기도 하는데, 문화가 다르고 생활환경이 다른 사람들과의 의사소통은 얼마나 어렵겠는가. 그렇기 때문에 언어를 습득하는 것이 어렵고 많은 노력을 필요로 하는 것이다. 그러나 일단 의사소통이 이루어지면 문화권 장벽은 효과적으로 뛰어넘을 수 있다.

참고로 6세 이하의 어린이가 외국어를 공부하면 동시에 6개 국어를 소화할 수 있다고 한다. 어른보다 어린이의 맑은 뇌 속에 외국어를 각인시키는 것이 훨씬 쉽다는 얘기다. 지금부터라도 아이들에게 세계어를 습득할 수 있는 기회를 꼭 만들어주길 바란다.

## ■ ■ 배려하는 마인드는 성공의 지름길이다

'배려'는 사람만이 할 수 있는 멋진 행위다. 동물의 세계에서는 '배려'가 없다. 그저 본능적인 행위만 있을 뿐이다. 세상은 배려하는 사람을 원한다. 자신을 위해 세심하게 신경을 써주는 사람을 좋아하는 것이다. 성공자들의 공통된 습관 중의 하나가 '배려'라는 것은, 배려가 사람의 마음을 움직이고 세상을 바꾸는 원동력이라는 사실을 증명한다.

인도의 속담에 "형제의 배가 항구에 도착하도록 도와주어라. 그리고 살펴보면 당신의 배도 무사히 항구에 도착해 있을 것이다"라는 말이 있다. 남을 도와주고 배려하다 보면 자신이 성공한다는 얘기다.

그러나 남을 배려한다는 것이 그리 쉬운 일은 아니다. 남을 배려하는 데는 많은 노력이 필요하다. 상대방이 어떤 것을 원하는지 혹은 어떤 성격인지를 잘 파악하여 그에 맞는 배려를 하는 '배려의 기술'이 필요한 것이다.

남을 바르게 배려하기 위해서는 첫째, 상대방의 입장을 잘 파악하려는 노력이 있어야 하고 둘째, 그 사람의 입장에서 무엇이 필요한지를 인식해야 하며 셋째, 자존심 상하지 않도록 필요한 부분에 대한 배려를 해야 한다. 여기에 상대방과 공통분모를 찾는 노력도 필요하다. 상대방과 공통된 화제를 찾아 대화를 나누면 기쁨이 두 배가 되기도 한다. 이러한 배려는 상대에게 좋은 인상을 남기게 되어 인간관계가 좋아진다.

능력있는 사람은 배려를 잘한다. 그만큼 분석력이 뛰어나기 때문이다.

배려는 나를 낮추는 것이 아니라 자신을 높게 만드는 과정이다. 남에 대한 나의 겸손과 배려는 상대방이 나를 존경하도록 만드는 씨앗이기 때문이다. 또한 배려는 물질을 대신하여 상대방에게 더 큰 기쁨을 주는 요소다. 더불어 배려는 상대방의 마음을 편안하게 해주어 마음의 문을 활짝 열게 해주며 오해를 풀어주는 열쇠다.

남을 배려하려면 마인드 자체가 달라야 한다. 그러면 어떤 마인드를 지녀야 하는지에 대해 지동직 님의 저서 『배려의 기술』이라는 책에 나오는 내용을 간추려보고자 한다.

▶ **배려의 힘을 믿는다.** 배려는 무한한 힘을 지니고 있다는 믿음이 필요하다. 무력한 배려는 없다. 배려는 반드시 생각지도 않았던 큰 힘을 발휘하게 된다.

▶ **진실한 마음으로 배려한다.** 가식적인 것은 남이 금방 알아차린다. 위선적으로 행동하면 상대방은 본능적으로 그것이 가식인 줄 안다.

▶ **공생을 염두에 둔다.** 늘 자신과 상대방이 공생한다는 생각을 하면 배려하는 자세는 자연스럽게 우러나온다. 이는 원효대사의 "베푸는 것은 새의 양 날개와 같아서 그것은 결국 자신을 돕는 일이다"라는 말과 같은 개념이다.

▶ **'기브앤테이크(Give and Take)'는 없다.** 준만큼 다 받으려 하지 말라는 얘기다. 오히려 '기브앤프리(Give and Free)'가 더 적합하다. 주면서 잊어버리는 것이다. 상대방으로부터 되돌려 받을 것을 생각하는 순간, 배려의 순수한 마음은 사라지고 서운함이 생기기 때문이다.

▶ **서로가 다르다는 것을 인정한다.** 자신과 상대방이 다르다는 것을 알아야 진정한 배려가 될 수 있기 때문이다. '내가 좋아하는 것이니까 상대방도 좋아하겠지'라는 사고는 관계를 망치게 된다.

▶ **사소한 것을 배려한다.** 거창한 뭔가가 아니라 상대방에게 조금이나마 도움이 되는 것을 찾아 배려하는 자세를 말한다.

▶ **인간은 감정의 동물**이라는 점을 염두에 두고 감정에 호소하는 배려가 필요하다.

▶ **배려하는 용기를 발휘한다.** 상대방이 '이것을 받아줄까'라고 망설이면서 미루는 것보다 용기 있게 제안하는 자세가 필요하다.

▶ **누구에게나 완벽은 없다.** 상대방도 나도 신이 아니다. 따라서 관용과 이해, 역지사지의 정신으로 배려해야 한다.

배려는 인간관계를 좋게 하는 명약이다. 명약을 잘 쓰는 의사가 명의이듯 인간관계의 명의는 배려를 잘하는 사람이다.

배려는 평화의 씨앗이며 배려하는 사람은 늘 환영을 받는다. 그렇기 때문에 오히려 자기 자신이 행복을 느낀다.

배려는 자신을 비추는 거울로 자기반성의 기회를 준다. 따라서 배려하는 습관은 내적성장에 크게 도움이 된다.

마크 트웨인은 이렇게 말했다.

"사람이 헤아릴 수 있는 것은 눈도 아니고 지성도 아니고 오직 마음뿐이다."

결국 상대방에 대한 배려는 마음 깊숙한 곳에 내재된 인격의 산물인 것이다.

# Communication Essay

# 03

## 성공적인 인간관계를 위한
## 타인과의 커뮤니케이션

# 03

## 성공적인 인간관계를 위한 타인과의 커뮤니케이션

훌륭한 목수는 주변에 흩어져 있는 나무들이 그 생김새에 따라

각자 쓰임새가 있음을 간파하고 작은 것 하나라도 쉽게 내던지지 않는다.

뛰어난 조각가는 돌덩이의 생김새를 그대로 받아들여

나름대로 창조적인 작품을 만들어낸다.

마찬가지로 우리는 주변의 모든 사람을 하나하나 귀하게 여기고

그들과 잘 협조하여 서로에게 도움이 되도록 노력해야 한다.

# 웬만해서는 바뀌지 않는 첫인상

우리는 첫인상이 중요하다는 말을 자주 듣는다. 물론 시간이 흐르면서 첫인상이 달라지는 경우도 있지만, 대개는 첫인상이 그대로 유지된다. 이것을 잘 알고 있는 성공자는 첫인상을 가꾸기 위해 노력하기 때문에 보통 첫인상이 좋다. 첫인상의 중요성은 과학적으로도 증명되고 있다.

연구결과에 따르면 첫인상이 형성되는 시간은 약 4초 정도라고 한다. 이러한 사실은 어떤 근거로 첫인상이 형성되는지를 알고, 자신의 약점을 보완하면 첫인상을 좋게 할 수 있다는 얘기가 된다. 첫인상을 결정하는 것은 첫눈에 들어오는 생김새나 복장, 표정, 말투 등 극히 제한적인 정보다. 문제는 한번 형성된 첫인상은 여간해서 바꾸기 어렵다는데 있다.

첫인상이 쉽게 바뀌지 않는 이유는 정보처리과정에서 초기정보가 후기정보보다 훨씬 중요하게 작용하기 때문이다. 이를 두고 심리학에서는 '초두효과(Primary Effect)' 라고 한다.

예를 들어 '첫인상이 좋은 사람이 머리가 좋다' 는 말을 들으

면, 우리는 첫인상이 좋은 사람을 현명한 사람이라고 판단한다
고 한다. 그러나 '첫인상이 나쁜 사람이 머리가 좋다'는 말을 들
으면, 첫인상이 좋은 사람을 만났을 때 교활한 사람으로 판단한
다고 한다. 이처럼 처음의 정보가 나중에 들려오는 정보처리의
기초가 되고, 전반적인 맥락을 좌우하는 것을 심리학에서 '맥락
효과(Context Effect)'라고 한다.

초두효과와 맥락효과에 의해 한번 형성된 첫인상은 웬만해
서는 바뀌지 않는다고 한다. 따라서 처음으로 누군가를 만날 때
는 첫인상의 중요성을 알고 그것을 좋게 만들려는 노력을 해야
한다.

아주대 심리학과 이민규 교수는 『끌리는 사람은 1%가 다르
다』라는 자신의 저서에서 좋은 인상을 유지하려면 다음의 세 가
지를 유념하라고 조언한다.

> ▶ 첫인상은 사진처럼 한번 박히면 바꾸기가 어렵다는 점을
> 명심한다. 따라서 평소에 좋은 첫인상을 남기기 위한 노
> 력을 기울여야 한다. 옷매무새나 표정, 어투 등 스스로를
> 점검한 다음 단점을 보완하고 강점을 강화하려는 노력이
> 필요한 것이다.

▶ 좋은 행동을 하기보다는 나쁜 행동을 하지 않으려 애써야 한다. 나쁜 행동이 상대에게 주는 첫인상의 강도가 좋은 행동보다 훨씬 크기 때문이다. 부정적인 정보가 긍정적인 정보보다 인상 형성에 더 강력하게 작용하는 것을 심리학에서 '부정성 효과(Negativity Effect)'라고 한다.

▶ 한번 나쁜 인상을 주었다면 그 몇 배의 좋은 행동을 보여주어야 한다. 잘못된 첫인상을 개선하려면 지속적으로 좋은 행동을 보여주어 나쁜 인상을 없애야 한다.

인상이 좋은 사람은 그렇지 않은 사람보다 성공할 확률이 훨씬 높다. 성공한 사람이라서 인상이 좋은 것이 아니라, 그들은 성공하기 전에 인상을 좋게 하려는 노력을 기울이는 것이다. 인상을 밝게 가꾸면 가꿀수록 인상은 더욱 좋아진다. 따라서 지금부터라도 인상을 개선하려는 노력을 기울일 필요가 있다. '그냥 생긴대로 살지'라고 말하는 것은 스스로 노력하여 개선할 수 있음에도 불구하고 포기하는 것이나 마찬가지다.

#  외모도 중요한 커뮤니케이션 요소

간혹 "남이 어떻게 보든 무슨 상관이니, 나만 편하면 되지"라고 말하는 사람을 만나기도 한다. 물론 다른 사람을 신경쓰지 않고 살아가도 되는 사람이거나 혹은 남을 의식할 필요가 없는 자리라면 상관없을지도 모른다. 그러나 대부분의 사람들은 다른 사람과의 관계를 통해 생활하고 있다. 이는 곧 자신을 어떻게 보느냐에 따라 자신의 커뮤니케이션이 효과적일 수도 있고 그 반대일 수도 있다는 의미다.

외모는 중요하지만 바꿀 수 없는 정적인 요소다. 그러나 옷차림이나 행동거지는 어떻게 하느냐에 따라 느낌이 전혀 달라질 수 있는 변동요소이므로 노력이 필요하다. 인상을 좋게 바꿀 수 있다면 그것은 충분히 노력할만한 가치가 있다.

사람이 상대방을 처음 만나서 평가하는데 걸리는 시간은 4분 이내라고 한다. 그때, 무엇보다 중요한 것은 그 사람의 외모와 복장이다. '옷이 날개' 라는 말처럼 복장만 바꿔도 사람의 이미지나 풍기는 분위기는 많이 달라진다. 심지어 옷에 따라 행동이 바뀌기도 한다. 사람은 자신도 모르게 복장에 맞게 행동하는 것이다. 예를 들어 편한 옷을 벗고 정장을 입으면 자신도 모르게 점잖게 행동하려는 경향을 보인다. 따라서 만약 누군가를 설득하려면 설득 상황에 맞는 복장을 갖춰 입어야 한다.

심리학자 비크맨(Beirkman)은 권위적인 복장만으로도 사람을 순한 양처럼 만들 수 있다는 것을 실험으로 보여주었다. 그의 실험은 아주 단순하다.

길을 건너는 행인들에게 길에 떨어진 휴지를 주우라고 두 사람이 지시한다. 지시하는 사람 중에서 한 명은 평상복을 입었고, 다른 한 명은 경찰복을 입었다. 그런데 평상복을 입은 사람이 지시를 하면 사람들은 그를 따르기는커녕 미친 사람 취급을 했지만, 경찰복을 입은 사람이 지시를 하면 의외로 많은 사람이 지시를 따랐다. 이처럼 권위를 상징하는 복장에 따라 사람들의 반응이 달라지는 것을 심리학에서 ‘권위의 효과(Authority Effect)’라고 한다. 바로 이러한 효과 때문에 고대의 왕들이 화려하면서도 위엄이 있는 복장을 갖춰 입었던 것이다.

그러나 자신에게 어울리지 않는 화려한 복장이나 지나치게 사치스러운 옷은 오히려 위화감을 조성하여 득보다 실이 많을 수도 있다는 것을 염두에 두어야 한다.

# 서로 유사한 점을 발견하면 빨리 가까워진다

상대방을 처음 만났을 때, 자신과 유사한 점을 발견하면 빨리 친해질 수 있다. 같은 고향, 같은 학교, 같은 지역 등 동질감을 느낄 수 있는 요소가 있으면 그렇지 않은 사람보다 빨리 가까워질 수 있는 이유는 사람들이 심리적으로 서로 비슷한 점을 지닌 사람에게 호감을 느끼기 때문이다. 이를 '유사성의 원리(Principle of Similarity)'라고 한다. 단적인 예로 미국 신혼부부의 99퍼센트 이상이 같은 인종과 결혼했으며 94퍼센트가 같은 종교를 가지고 있는 것으로 조사되었다.

비슷한 사람끼리 잘 모이게 된다는 '유유상종(類類相從)'이나 같은 병을 앓는 사람이 서로를 잘 이해한다는 '동병상련(同病相憐)'은 '유사성의 원리'와 밀접한 관련이 있다. 그렇다면 서로 비슷한 사람이 더 가까워지는 이유는 무엇일까? 아주대 이민규 교수에 따르면 여기에는 네 가지 이유가 있다고 한다.

첫째, 누군가가 자신과 비슷한 행동을 한다는 것은 자신이

'옳다'는 증거가 되기 때문이다.

둘째, 비슷한 태도나 취향을 지닌 사람은 서로의 행동을 보다 쉽게 예측할 수 있고, 우리는 예측 가능한 사람과 함께 있을 때 스트레스를 덜 받기 때문이다.

셋째, 자신과 비슷한 사람을 싫어하는 것은 곧 자신을 싫어하는 것이 되므로 자신과 비슷한 사람을 좋아하게 된다.

넷째, 사람은 자신과 공통점이 없는 사람에 대해서는 반감을 느끼는 경향이 있다. 심리학에서는 이를 두고 '반감가설(Repulsion Hypotheses)'이라고 한다.

이러한 유사성의 원리를 이해하고 활용하면 커뮤니케이션에서 유리한 위치에 설 수 있다. 어쨌든 누군가와 좋은 관계를 유지하려면 공통분모를 찾아내는 것이 필요하다.

그런데 그러한 노력은 고사하고 애써 다른 점을 찾아내려는 사람이 있다. 그 사람과 멀어지겠다고 작정하지 않았다면 그런 자세는 곤란하다.

역사적으로 대화를 통해 많은 친구를 사귄 것으로 유명한 사람 중 하나가 루스벨트 대통령이다. 그를 만난 사람은 누구나 예외 없이 그로부터 존중받았다는 느낌과 함께 박학다식한 사람이라는 느낌을 받았다고 한다. 루스벨트 대통령이 이런 평가를 받게 된 이면에는 그의 끊임없는 노력이 있다. 그는 누군가를 만날 약속이 있으면 사전에 그가 어떤 사람인지, 직업과 취향은 어떤지 미리 파악하여 대화를 나눌 수 있는 정보를 습득했던 것이다. 그는 상대방의 마음을 사로잡으려면 먼저 공통분모부터 찾아야 한다는 것을 알았던 셈이다.

많은 사람이 골프를 좋아하고 그것이 사람 사귀기에 적당한 취미라고 평가받는 이유는 넓은 자연에 나가 함께 걸으며 서로가 좋아하는 골프에 대한 이야기를 나눌 수 있기 때문이다. 한 마디로 말해 '유사성의 원리' 를 잘 적용하고 있는 스포츠다. 동호회 활동을 하는 사람들끼리 쉽게 친해지는 것도 마찬가지 이치다.

따라서 상대방을 만나 대화를 나누고 효과적인 커뮤니케이션이 이루어지도록 하려면 다음의 세 가지를 지키는 것이 좋다.

첫째, 사전에 상대방에 대한 정보를 최대한 확보한다.

둘째, 대화 중에 취미, 고향, 출신학교 등 상대방과의 공통점을 찾기 위해 노력한다.

셋째, 공통점이 없다면 그때부터라도 공통점을 만들 수 있는 계기를 활용한다. 만남은 곧 창조다.

끊임없이 이런 노력을 기울인다면 훌륭한 커뮤니케이터(Communicator)가 될 수 있을 것이다.

## ■■ 지속적인 만남은 커뮤니케이션의 효과를 높여준다

사람을 자주 만나다 보면 처음의 서먹함이 사라지고 친해지면서 정이 들기 시작한다. 미운 정이든 고운 정이든 어쨌든 둘 사이는 가까워진다. 그렇게 밉던 시어머니도 돌아가시고 나면 보고 싶다지 않던가. 그것은 사람은 자주 접하다 보면 정이 들기 때문이다.

처음에는 어색하기만 하던 회사의 새로운 로고도 자주 보면 익숙해지고 기억에 남게 된다. 물론 나쁜 기억으로 남게 되는 경우도 있지만, 대부분은 오랫동안 본 것에 익숙해져 정이 든다. 자주 보는 것만으로도 정이 드는 것을 '단순노출 효과(Mere Exposure Effect)' 혹은 '에펠탑 효과(Eiffel Tower Effect)' 라고 한다. 그것은 에펠탑이 처음 세워질 무렵에는 대부분의 프랑스 국민이 반대를 했지만, 시간이 흐르면서 에펠탑이 파리의 명소가 되었기 때문이다. 처음에 프랑스 국민은 역사적인 도시에 흉물스러운 철탑이 우뚝 솟아 있는 것을 보기 싫어했다. 그러나

눈만 뜨면 보이는 에펠탑에 서서히 정이 들면서 마침내 에펠탑
은 프랑스 제일의 명소가 되었다.

선거 때마다 정치인들이 방송에 많이 노출된 사람을 영입하
려는 것도 이처럼 노출효과의 덕을 보기 위해서다.

이것은 개개인의 인간관계도 마찬가지다. 사람은 가깝게 있
을수록 친해지는 것이다. 속담에 '이웃사촌이 먼 친척보다 낫
다'는 말이 있듯, 자주 보고 대하는 사람이 커뮤니케이션 효과
를 보기 때문에 더 가까워진다. 가까이 있는 사람이 더 친해지는
것을 '근접성의 효과(Proximity Effect)'라고 한다. 따라서 가까
이 하고 싶은 사람이 있다면 자주 눈에 띄는 것이 좋다. 이는 직
장생활에서 CEO 주변에 있는 사람이 멀리 떨어져 있는 사람보
다 승진할 확률이 높은 것과 마찬가지다.

어쩔 수 없이 멀리 떨어져 있어야 하는 상황이라면 의도적으
로 자주 커뮤니케이션을 하는 것이 유리하다. 편지를 쓰거나 전
화를 해도 좋고 일부러 찾아가는 것도 바람직하다. 이것은 고객
과의 관계에도 적용된다. 공략하고 싶은 고객이 있다면 그 고객
앞에 자주 나타나는 것이 유리하다. 소위 '눈도장을 찍는다'는
것은 바로 노출효과를 높이는 과정이다.

노출효과를 높이는 가장 좋은 방법은 직접 대면하는 것이지

만, 그럴 상황이 아니라면 다른 커뮤니케이션 방법을 동원해서라도 높여야 한다. 사람을 만나 관계를 형성할 때, 반드시 기억해야 할 점은 아쉬울 때만 찾지 말고 지속적인 만남을 유지해야 한다는 것이다. 꾸준히 관계를 이어가려는 노력이 필요하다는 얘기다. 평소에는 전화 한 통 안 하다가 어려울 때 아쉬운 소리를 하려고 연락하는 사람을 누가 좋아하겠는가. 고객이든 친지든 평소에 꾸준히 접촉하는 것이 좋다.

내가 권하고 싶은 자세는 매일 최소한 3통의 편지를 쓰고 5통의 전화를 먼저 하는 습관을 들이는 것이다. 누구든 자주 커뮤니케이션을 하면 친해지게 마련이다. 노출효과를 극대화해야 하는 것이다.

# ■ ■ 칭찬은 고래도 춤추게 한다

칭찬은 가라앉아 있는 사람에게 힘이 되고 뛰고 있는 사람에게는 시원한 청량제가 된다. 따라서 때와 장소에 맞는 적절한 칭찬은 아주 효과적인 커뮤니케이션 자세라고 할 수 있다.

미국 하버드대학의 스키너(Skinner) 교수는 실험을 통해 동물도 격려와 자극을 받은 후에는 대뇌피질의 흥분센터에서 기운나게 하는 시스템이 가동되어 행동이 변한다는 결과를 발표한 적이 있다. 결국 동물에게든 사람에게든 칭찬에 인색할 필요는 없는 것이다.

많은 사람의 사랑을 받은 켄 블랜차드의 저서, 『칭찬은 고래도 춤추게 한다』는 제목의 의미는 '고래도 야단치면서 훈련시키는 것이 아니라 훈련에 잘 따랐을 때 칭찬하고 먹을 것을 잘 주면 훈련효과가 높다' 는 뜻이다. 미물인 동물도 그럴진대 사람은 오죽하겠는가!

사람을 잘 부리는 사람은 상대방을 무섭게 다루고 야단치는 사람보다 칭찬하고 격려하는 사람이다. 상대방이 진심으로 존경하고 마음으로 따르도록 해야 하기 때문이다.

다른 사람의 장점을 발견하고 이를 칭찬해 주는 일은 결코 일방적으로 베풀고 손해 보는 일이 아니다. 자신이 남을 칭찬하고 격려하는 과정에서 자신도 기분이 좋아지기 때문이다. 타인의 생각이 자신을 감염시키기도 하고 상대방의 모범적인 행동이 자신을 선도하기도 한다.

마크 트웨인(Mark Twain)은 "나는 칭찬을 한번 받을 때마다 몇 달을 더 살 수 있을 것 같다"고 말했다. 이 말은 칭찬이 삶에 열정을 불어넣어 보다 적극적으로 살아갈 수 있게 해준다는 것을 의미한다. 공개적으로 누군가를 칭찬하는 것은 그 사람의 열정을 최고로 끌어내는 방법이다. 다만 보다 효과적인 칭찬을 하려면 몇 가지 사항에 유의해야 한다.

첫째, 칭찬엔 진심이 담겨 있어야 한다. 상대방을 기분 좋게 하려고 거짓으로 하는 칭찬은 아무 소용이 없다. 위선은 금방 드러나게 마련이다. 그리고 상대가 맘에도 없는 칭찬을 한다고 느끼면 오히려 반발심이 생길 수도 있다.

둘째, 상황에 맞게 칭찬한다. 칭찬은 좋은 것이지만 쉬운 것은 아니다. 같은 칭찬도 때와 장소에 따라 그 효과가 달라질 수 있기 때문이다.

셋째, 칭찬을 할 때는 확실하고 구체적으로 한다. 상대방의 어떤 점이 어떻게 좋아 칭찬한다는 것을 명확히 밝혀야 그 효과가 분명해지기 때문이다.

칭찬은 인간관계에서 효험 좋은 보약의 역할을 한다. 누구나 남에게 인정받기를 원하고 상대의 관심을 끌고 싶어하기 때문이다. 이러한 칭찬의 효과를 높이려면 어떻게 해야 할까?

심리학자 애론슨(Aroson)과 린다(Linda)는 미네소타대학의 학생들을 대상으로 한 실험에서 재미있는 결과를 얻어냈다. 이것은 남들이 하는 이야기를 본인이 엿듣게 하는 실험으로 첫 번째는 계속 칭찬만 하게 하고 두 번째는 계속 나쁜 얘기만 하게 했다. 그리고 세 번째는 나쁘게 이야기하다가 좋게 이야기하고 네 번째는 좋게 이야기하다가 나쁘게 이야기하도록 했다. 그 결과, 학생들이 가장 좋아하는 것은 계속해서 좋게 이야기하는 것이 아니라, 나쁘게 이야기하다가 끝에 좋게 이야기하는 것으로 나타났다. 계속해서 칭찬만 하는 것을 가장 좋아할 것 같지만 사실은 그렇지 않다는 얘기다.

그 이유는 다음의 세 가지로 집약된다.

첫째, 칭찬도 반복하면 그 효과가 경감된다.

둘째, 칭찬만 반복하면 신빙성이 떨어진다.

셋째, 누굴 만나든 칭찬만 하면 그 사람의 습관이라고 생각한다.

따라서 칭찬을 할 때는 그 사람의 단점을 가볍게 지적해주다가 끝에 가서 멋지게 칭찬해주는 것이 가장 효과적이다. 예를 들면 이런 식이다.

"김 군, 자네는 평소에는 약간 게으른 것 같은데 일처리를 할 때는 번개 같아. 아주 멋져."

상대방의 단점을 지적한 다음, 강점을 부각시키는 것은 효과적인 커뮤니케이션 기술이다. 위의 실험에서 가장 나쁜 방법은 칭찬을 한 뒤에 단점을 얘기하는 것이었다. 사람은 보통 앞에서 한 말보다 뒤에 남긴 말을 더 잘 기억하기 때문에 칭찬의 말보다는 나쁜 말만 머리에 가득 차게 된다. 좋았던 기분은 금방 사라지고 나쁜 생각만 남게 되는 것이다. 이처럼 상대의 행동이 기대치에 어긋났을 때, 기분이 더욱 나빠지는 것을 '기대치 위반효과(Expectancy Violation Effect)' 라고 한다.

칭찬을 하고 야단을 치는 것은 나무에 올려놓고 흔드는 것과 같다. 그러나 부정적인 면을 부각시킨 후에 칭찬으로 마무리하는 것은 상처에 약을 발라주는 것과 같다. 칭찬은 고래도 춤추게 할 수 있지만, 올바르지 못한 칭찬은 춤추던 고래도 화나게 할 수 있다는 것을 기억해야 한다.

## ■ ■ 제2의 언어, 신체언어를 주시하라

사람은 말로만 의사소통을 하는 것이 아니다. 말은 물론 신체
적인 언어 또한 의사소통의 도구가 된다. 따라서 언어 이외의 요
소를 이해하지 못하면 상대방의 진심을 놓칠 수도 있다. 예를 들
어 전화로 통화를 할 경우에는 상대가 이쪽의 얼굴표정과 몸짓
을 볼 수 없기 때문에 전달하고자 하는 내용을 고스란히 전달받
기 어렵다. 반대로 이쪽은 자신이 전달하고자 하는 것이 제대로
전달되었는지 확인하기가 어렵다.

심리학자 앨버트 메러비언(Albert Mehrabian)은 전체 의사
소통의 7퍼센트만이 언어로 이루어지고 음조나 억양, 말투가 38
퍼센트, 표정과 몸짓, 자세 등 시각적인 요소가 55퍼센트를 차
지한다는 연구결과를 발표하였다. 이것은 곧 커뮤니케이션의
93퍼센트는 비언어적 형태로 이루어진다는 것을 의미한다.

따라서 상대방의 표정이나 몸짓 그리고 억양이 진심으로 무
엇을 나타내고 있는가를 확인하는 것은 매우 중요하다. 어떤 사
람이 "맞아"라고 대답했을지라도 행동이 그 반대라면 그것을

'맞다' 는 의미로 받아들이기가 어렵다.

우리는 간혹 카리스마를 내뿜는 사람을 만나기도 하는데, 이들은 상대방을 압도하여 커뮤니케이션을 수월하게 진행한다. '카리스마(Charisma)' 는 원래 '신의 은총' 이라는 의미의 그리스어에서 파생한 것으로 신이 특별히 부여한 재능을 말한다. 그러한 재능, 즉 카리스마를 지닌 사람의 주변에는 늘 사람이 많다. 그 사람이 풍기는 매력이 사람들을 끌어당기기 때문이다.

어느 조직이든 카리스마를 지닌 사람은 존재하며, 그들은 조직을 장악하는 위치에 있다. 또한 그들은 상대방의 의중을 잘 읽으며 자신의 의사를 전달하는 능력이 탁월하다는 공통점이 있다. 그러나 일반적인 사람은 훈련을 통해 그런 비언어적 커뮤니케이션을 이해하는 능력을 길러야 한다.

'눈치가 빠르면 절간에 가서도 새우젓국을 얻어먹는다' 라는 속담은 상황 파악을 잘하면 주어진 상황에서 좋은 결과를 낼 수 있다는 뜻이다. '누울 자리를 보고 다리를 뻗는다' 는 말도 같은 맥락에서 이해할 수 있다.

심리학자 스나이더(Sneider)는 다른 사람의 감정상태를 정확히 파악하고 상대에 맞게 자신의 행동을 적절하게 조절할 수 있는 능력을 '자기감찰(Self Monitoring)' 능력이라고 이름 붙였

다. 쉽게 말해 이는 '눈치'다. '자기감찰' 능력을 키우려면 신체
언어의 의미를 정확히 파악하고 비언어적 능력이 뛰어난 사람
과 그렇지 않은 사람의 차이를 비교해보는 연습이 필요하다. 평
소에 다른 사람의 대화과정을 유심히 관찰하는 것도 하나의 방
법이 될 것이다.

신체언어를 잘 이해하려면 먼저 그 특성을 알아야 하는데, 그
것은 다음과 같이 정리할 수 있다.

▶ 언어와 달리 몸동작, 표정, 어투 등은 동시다발적으로 표현된다.

▶ 신체언어는 언어와 달리 통제되지 않은 경우가 많다.
자신도 모르게 표현이 된다는 뜻이다.

▶ 비언어적 메시지는 언어에 비해 불분명하고 모호한 점이 많다.
그러나 그 안에 분명한 메시지가 있으므로 잘 살펴야 한다.

▶ 진심을 전달하는 경우가 의외로 많다. 말은 아니라고 하면서
표정은 '그렇다'고 신호를 보내는 경우가 많다.

▶ 내면의 감정은 언어보다 신체언어로 더 많이 표출된다. 따라서
그 사람의 감정을 읽으려면 신체언어를 잘 살필 필요가 있다.

# 남의 말을 경청하는 습관

남의 말을 잘 듣기만 해도 성공한다. 말을 잘하는 것보다 더 중요한 것은 남의 말을 경청하는 것이다. 부처의 큰 귀는 남의 이야기를 잘 듣는 것을 상징한다고 한다. 입은 하나인데 귀는 두 개인 이유 역시 말을 많이 하는 것보다 잘 듣는 것이 더 중요하기 때문이라고 한다.

많은 사람이 자신이 의사표현을 잘하지 못해서 다른 사람과의 관계가 좋지 않다고 생각한다. 그러나 자세히 살펴보면 그런 사람은 의사표현을 잘 못하는 것이 아니라 자기 말만 늘어놓는 경우가 많다. 의사는 환자의 이야기만 잘 들어도 70~80퍼센트는 병을 알 수 있다고 한다. 심리상담사는 자신의 말을 하기보다 상대방으로 하여금 말을 하도록 잘 응대하면서 속마음을 털어놓게 한다. 심리적으로 위축되어 있는 사람은 단지 자신의 말을 들어줄 사람이 필요한 것이다.

사람들은 말을 잘하는 사람보다 자신의 이야기를 잘 들어주는 사람을 더 좋아한다. 말을 쏟아놓는 것은 정서적인 카타르시

스가 되기 때문이다. 즉, 자신의 이야기를 털어놓으면 슬픔이나 분노가 감소되고 마음이 후련해지며 존중받고 있다는 느낌이 드는 것이다.

그런데 정작 다른 사람의 말을 경청하려는 사람은 많지 않다. 그 이유는 남의 말을 경청하려면 많은 훈련과 인내심이 필요하기 때문이다. 남의 말에 끼어들지 않으려는 의도적인 노력도 필요하다. 많은 사람이 커뮤니케이션이 원활하지 않아 갈등을 느끼는데, 커뮤니케이션이 원활하지 못한 이유는 상대방의 말을 경청하기보다 자신의 주장을 관철하려는 경향이 강하기 때문이다.

상대방의 말을 경청하면 상대방도 내 말을 더 잘 들어주는데, 이것을 두고 심리학에서는 '상호성의 원리(Reciprocity Principle)' 라고 한다. '기브앤테이크' 나 '뿌린 대로 거둔다' 는 말과 일맥상통하는 것이다.

귀 기울여 들어주면 갈등요소는 한결 줄어든다. 예를 들어 부부싸움을 별 탈 없이 끝내려면 한쪽에서 참고 먼저 상대방의 이야기를 들어주어야 한다. 하지만 보통은 상대방의 말이 끝나기도 전에 자기주장을 내세우기 바쁜데, 그러면 상대방은 더욱 화가 나 악순환이 이어지게 된다.

경청하면서 열심히 맞장구를 쳐주면 보다 효과가 좋다. 상대방이 열심히 이야기하고 있는데, 딴청을 부리거나 무덤덤하게 먼 곳을 바라보면 오히려 역효과가 날 수 있다. 상대방이 무시당하는 듯한 기분을 느끼기 때문이다. 잘 경청하다가 중요한 부분 그리고 진심으로 공감이 가는 부분에서 맞장구를 쳐주는 것은 상대방의 말을 잘 듣고 있다는 표현인 동시에 의견을 존중한다는 의사표현이 된다.

## ▪▪ 명함을 잘 활용하는 것은
## 효율적인 커뮤니케이션의 기본

명함은 그 사람이 무엇을 하는지, 어떤 직책에 있는지, 연락처는 어디인지를 알려주는 중요한 정보 요소다. 그런데 의외로 많은 사람이 이 중요한 명함을 제대로 활용하지 못한다. 명함의 중요성과 그 기능을 잘 이해하고 커뮤니케이션의 중요한 수단으로 활용하려면 다음과 같은 점에 유의해야 한다.

첫째, 명함은 상대에게 자신의 신분을 밝히는 수단이므로 한눈에 어떤 사람인지를 알릴 수 있도록 만들어야 한다. 너무 복잡하지 않게 기억에 남는 명함을 만드는 것이 좋다.

둘째, 명함은 시각적인 커뮤니케이션 수단이므로 첫인상을 좋게 하고 오랫동안 기억될 수 있도록 디자인해야 한다. 가능한 한 비용이 좀더 들더라도 전문가에게 맡기는 것이 좋을 것이다.

셋째, 명함을 전달하는 과정도 중요하다. 명함은 인사를 나누면서 자연스럽게 건네는 것이 좋다. 두 손으로 정중하게 전달하되 상대방이 보기 좋도록 명함을 거꾸로 잡아 전달해야 한다. 간

혹 자신이 명함을 보는 방향으로 전달하는 경우가 있는데 이는
예의에 어긋나는 일이다.

넷째, 명함은 깨끗하게 보관했다가 전달하는 것이 예의다. 간
혹 더럽혀진 명함이나 구겨진 명함을 전달하는 사람을 보게 되
는데, 이것은 자신의 얼굴을 더럽힌 것이나 마찬가지라는 것을
알아야 한다. 그래서 성공한 사람들은 대부분 명함케이스를 가
지고 다닌다.

다섯째, 명함을 받는 사람은 두 손으로 정중하게 받아 깨끗하
게 보관해야 한다. 간혹 받은 명함 위에 무엇인가 메모를 하는
사람을 보게 되는데, 상대방이 보는 데서 그렇게 하는 것은 무례
한 일이다. 상대방의 명함은 깨끗하게 보관하는 것이 예의다. 여
섯째, 명함은 항상 갖고 다닌다. 외출하거나 누군가를 만날 약속
이 있을 때는 반드시 명함이 있는지를 확인하고 없다면 챙기도
록 한다. 만약 부득이하게 명함이 없을 경우에는 정중히 상대방
의 명함을 받으면서 보내주겠다는 약속을 한다. 이때, 상대에게
명함을 우편으로 보내주거나 이메일로 알려주기만 해도 좋은
인상을 남기게 된다. 사실, 비즈니스를 하는 사람이 명함을 갖추
지 않았다는 것은 자기관리를 제대로 못하고 있다는 의미다. 하
지만 '전화위복(轉禍爲福)' 이라는 말처럼 나중에 우편이나 이

메일로 정중하게 보내면 더욱 깊은 인상을 남길 수도 있다.

명함관리에도 상대방과의 커뮤니케이션을 효율적으로 할 수 있는 요령이 있다는 것을 알아두면 좋을 것이다.


## ■■ 명함관리를 잘하면 휴먼네트워킹에 성공한다


'휴먼네트워킹', 즉 사람 관리는 인류가 시작된 이후로 줄곧 우리 생활에 중요한 영향을 미쳐왔다. 이것이 살아가는데 있어서 가장 중요한 요소라는데 이견을 달 사람은 없을 것이다. 문제는 그렇게 소중한 요소를 제대로 관리하는 것이 매우 어렵다는 점이다.

지금부터라도 주변 사람을 보물로 보고 체계적이고 과학적으로 사람을 관리해나가려는 노력을 기울여보라. 만남 이후에 지속적인 접촉이 없다면 관계는 형성되지 않는다. 인간관계를 형성하는 데는 만남보다 그 이후에 어떻게 관리하느냐가 더 중요하다.

명함관리를 통해 사람을 관리하는 것도 한 요령이다.

첫째, 명함을 받으면 늘 감사하는 자세로 상대방을 기억하도록 노력한다. 헤어지고 나서 명함 뒷면이나 메모지에 상대방에 대한 특징과 메모사항을 적어두고 나중에 다시 만날 때 참고사항으로 활용한다.

둘째, 명함을 받으면 3일 이내에 상대에게 편지를 쓰는 습관을 들인다. 편지를 쓰면서 상대방의 이름이나 인상착의 같은 것을 되새겨보고 정성껏 인사를 하면 커뮤니케이션에 큰 효과가 있을 것이다. 3일이 지나면 상대방에 대한 기억이 사라질 가능성이 높기 때문에 빠른 시일 내에 편지를 쓰는 것이 중요하다.

셋째, 명함을 명함철에 보관하면서 상대방을 떠올리거나 컴퓨터에 명함을 입력시키면서 다시 한번 보게 되면 상대방에 대한 기억이 훨씬 더 선명하게 각인된다. 요즘에는 효율적인 명함관리 소프트웨어가 많으니 잘 선택해서 자기만의 관리요령을 만들어두는 것도 좋다.

넷째, 상대방을 다시 만날 때는 간직하고 있던 명함과 메모사항을 읽어본다. 특히 그 사람과의 만남에서 꼭 기억해야 할 정보를 기억해두면 그 정보가 친밀도를 높이는데 많은 도움을 준다.

1980년 무렵, 나는 상대방을 기억하는데 있어서 뛰어난 재능을 보이는 일본인을 알게 되었다. 그는 일본 종합상사의 임원으로 직업상 많은 사람을 만나야만 했는데, 그럼에도 그들의 특징을 하나하나 기억해 비즈니스에 효율적으로 활용하고 있었다. 그 비결이 궁금했던 나는 호기심을 참지 못하고 직접 물어보았다. 그의 대답은 간단했다.

"나는 만나는 사람 모두를 귀하게 여기기 때문에 어떤 사람을 만나든 그 사람의 특징은 물론 대화 중의 중요한 내용을 반드시 그날 중으로 기록한다. 그리고 그 사람과 다시 만날 일이 있으면 그 자료를 살펴보고 나가서 이야기를 나눈다."

상대방과 언제 어디서 만나 어떤 이야기를 주고받았는지를 기억하고 상대의 가족 안부까지 묻는데 어떻게 인간관계가 좋아지지 않을 수 있겠는가. 나는 지금도 그의 말을 떠올리며 사람 관리를 잘하기 위해 노력한다. 일단 나는 상대방의 명함을 받으면 3일 이내에 그 사람에게 메일을 보낸다. 메일을 보내면서 그 사람의 이름을 보게 되고 메일을 쓰면서 다시 한번 이름을 읽게 되며, 메일을 보낸 뒤에 주소록에 남기면서 또 다시 그의 이름을 보게 된다. 그리고 대부분의 사람이 나의 메일에 답장을 보내므로 그 메일을 열어보면서 다시 한번 그 사람의 이름을 보게 된다.

이처럼 상대방의 이름을 자주 접하게 되면 저절로 머릿속에 각인된다. 천재가 아닌 보통 사람이 상대방을 기억하는 가장 좋은 방법은 자주 그 이름을 보는 것이다.

# ‘점심효과(Luncheon Effect)’를 통한 대인관계 발전

‘점심효과(Luncheon Effect)’란 점심을 함께 먹으면 더 친해진다는 의미다. 다시 말해 식사를 함께하는 기회를 많이 가질수록 더 친해질 수 있다는 것이다. 혼자 밥을 먹는 사람은 그만큼 다른 사람과의 커뮤니케이션 기회를 상실해 인간관계를 맺는데 뒤진다는 얘기다.

사람이 뭔가를 먹을 때는 마음이 여유롭고 너그러워진다. 즉, 마음이 열리는 것이다. 따라서 밥을 함께 먹는 자리는 마음을 터놓고 대화할 수 있는 기회가 된다. 먹거나 마시면서 이야기를 하면 그냥 앉아서 대화하는 것보다 훨씬 더 가까워질 수 있다. 이는 상대방에 대한 호감이 늘어나기 때문이다.

동서고금을 막론하고 먹고 마시고 춤추는 자리에서 화해가 더 잘 이루어지는 이유는 뭔가를 받으면 그만큼 베풀어야 한다는 ‘상호성의 원리’가 작용하기 때문이다.

나의 멘터, 조지 브라운은 매일 점심과 저녁은 외부고객과 함께하면서 인간관계를 쌓아갈 것을 조언하곤 했다. 그러나 하루도 빼놓지 않고 약속을 한다는 것은 그리 쉬운 일이 아니다. 그것은 철저한 시간관리와 계획된 일정관리가 뒤따르지 않으면 불가능하다. 그러므로 약속은 미리 잡아놓도록 하고, 약속이 없는 날은 일부러라도 주변 사람과 함께 식사를 하는 습관을 기르는 것도 좋다. 다만, 주말만큼은 철저하게 가족에게 시간을 내주어야 한다.

## ■■ 인간관계 형성을 위해 식사자리를 최대한 활용하라

식사를 하는 시간은 사람들에게 편안함과 친근감을 느끼게 하는 소중한 순간이다. "밥 한 끼 같이해요"라는 말에는 단순히 밥을 함께 먹자는 것이 아니라 친교의 시간을 갖자는 의미가 담겨 있다고 할 수 있다. 식사를 하는 자리에서 우리는 동질감을 더욱 강하게 느낄 수 있기 때문이다.

만약 바쁘다면 아침식사 시간을 활용하는 것도 한 방법이다. 아침식사 시간에 사람을 만나면 상쾌한 기분으로 마음을 함께 나누는 것은 물론 밥을 먹으면서 정보를 교환할 수도 있다. 이러한 아침식사 약속은 비즈니스맨에게 특히 유용하다. 바쁜 일과 중에 일부러 시간을 내지 않아도 되고 아침을 먹는 동시에 비즈니스를 진행하면서 하루를 시작할 수 있기 때문이다.

점심식사 시간은 친지나 거래선 누구와도 편안하게 활용할 수 있는 시간이지만, 시간이 제한되어 있기 때문에 집중적으로 사업 이야기를 하기엔 편안하지 않다. 그래도 사람과의 관계를 편안하게 지속시킬 수 있는 시간이므로 가능한 한 점심은 다른 사람과 약속을 해서 먹는 것이 좋다. '혼자 밥 먹지 말라' 는 말은 다른 사람과 식사를 하는 습관이 비즈니스를 떠나 정보교환과 인간관계를 지속하는데 필요하다는 의미에서 나온 말일 것이다.

저녁식사 자리는 좋은 시간이다. 시간적인 여유도 있고 하루를 끝낸 상태에서 여유롭고 편안하게 식사와 술 한 잔을 곁들일 수 있기 때문이다. '열 번 전화하는 것보다 한번 보는 것이 낫고, 열 번 만나는 것보다 한번 식사하는 것이 낫고, 열 번 식사하는 것보다 한 번 술자리를 갖는 것이 낫다' 라는 말이 있다. 술 한 잔을 나누는 자리는 인간관계를 한 단계 업그레이드할 수 있는 기회가 된다. 다만, 술자리에서 실수하는 사람이 종종 있는데 그것은 오히려 만나지 않은 것만 못한 결과를 낳을 수 있으므로 주의해야 한다. 즉, 술자리를 즐기되 술로 인한 실수는 하지 않도록 자신을 관리하는 자세가 필요하다.

나의 경우에는 일요일에 다음 한 주 동안의 일정표를 세우고 점심과 저녁식사 일정을 정한다. 가능한 한 많은 사람과 식사를 하는 것이 효율적으로 시간을 관리하는 한 요령이기 때문이다. 식사를 하는 상대는 가족, 친지, 거래선 등이며 이들을 적절하게 배분하여 가정관리도 하면서 동시에 외부 사람과의 인간관계도 다져나간다.

식사시간을 잘 활용하는 것은 소중한 자기관리이며, 철저한 자기관리를 통해 대인관계를 확실하게 다지는 것은 우리의 몫이다.

## ■■ 악수도 중요한 커뮤니케이션이다

악수는 원래 앵글로색슨계 민족이 자기 손에 무기가 없다는 것을 보여주기 위해 손을 내밀어 보이는 것으로부터 유래되었다. 그렇게 자연발생적으로 나눈 인사법이 오늘날 세계적인 인사법으로 자리잡은 것이다. 악수는 일종의 커뮤니케이션이었던 셈이다.

이러한 악수에도 일정한 규칙과 예절이 있다.

동성 간에는 손윗사람이 손아랫사람에게, 선배가 후배에게, 기혼자가 미혼자에게 먼저 손을 내밀어 악수를 청한다. 본래 여성은 남성과 악수를 하지 않았지만, 요즘은 함께하는 것이 일반적이다. 그러나 여기에는 예의가 따른다. 여성 쪽에서 손을 내밀었을 때는 남성은 악수를 해도 된다. 하지만 원칙적으로 남성 쪽에서 먼저 손을 내밀지는 않는다. 물론 나이 드신 윗분이 청하는 경우에는 할 수 있다.

또한 왼손은 보통 불결한 손이라고 생각하므로 반드시 오른손으로 악수해야 한다. 부인은 장갑을 낀 채 악수해도 괜찮지만 남성은 장갑을 벗는 것이 예의다.

악수는 상대의 눈을 보면서 하되 너무 세게 쥐거나 약하게 잡으면 안 된다. 또한 손끝만 내밀고 악수해서도 안 된다. 지나치게 세게 잡으면 힘을 과시하는 듯한 느낌을 주게 되어 상대방이 위축될 수 있기 때문이며, 너무 힘을 주지 않으면 하기 싫은 것을 억지로 하는 느낌을 전달하기 때문이다.

소개받은 사람과는 바른 자세로 서서 상대방의 눈을 보며 악수하는 것이 좋다. 상대방의 눈을 보는 것은 아주 소중한 커뮤니케이션 방법이므로 반드시 지켜야 한다. 이때, 눈빛을 너무 강하게 하는 것보다는 부드럽지만 명확한 태도를 보이는 것이 좋다.

상대방과 악수할 때 지나치게 허리를 굽히는 것은 삼가는 것이 좋으며 경우에 따라 가벼운 목례 정도가 무방하다. 지나치게 허리를 구부리는 것은 비굴하게 보이기 때문이고 너무 꼿꼿이 서서 하는 것은 거만한 모습으로 비춰질 가능성이 높기 때문이다.

상대방이 손을 세게 쥐었을 때는 이쪽에서도 어느 정도 힘을 주어 반응을 보이는 것이 좋다. 반응 자체가 커뮤니케이션이기 때문이다. 손에 땀이 났거나 더러운 경우에는 양해를 구하거나 악수를 피하는 것이 좋다.

손을 잡은 채 오랫동안 말을 해서는 안 되며 인사만 끝나면 곧 손을 놓는 것이 예의이다. 예식용 장갑은 벗지 않아도 되며 방한용 장갑은 벗고 악수해야 한다.

악수는 처음 만났을 때는 상호존중과 예의의 표시지만, 다시 만나거나 자주 볼 때는 친근감을 표시하는 커뮤니케이션이기 때문에 때와 장소에 따라 적절한 예의를 지키는 것이 좋다.

사소하게 다뤄질 수도 있지만, 결코 사소하지 않은 악수에 늘 신경 쓰면서 기본적인 예의를 지키는 것이 성공을 위한 커뮤니케이션 방법이다.

# ■ 전화 커뮤니케이션 예절

우리가 가장 많이 사용하는 커뮤니케이션 수단이 바로 전화다. 특히 요즘처럼 대다수의 사람이 휴대전화를 들고 다니는 시대에는 대단히 중요한 커뮤니케이션 수단이다. 더 나아가 전화를 잘 활용하면 인간관계의 질을 크게 향상시킬 수 있다. 물론 여기에는 전제조건이 따른다. 그것은 전화를 활용하는 기본자세와 의미를 잘 숙지하고 사용해야 한다는 것이다.

나는 아주 오래 전부터 아침에 가장 먼저 편지를 쓰고 전화할 곳을 메모해두었다가 하루에 10통 이상의 전화를 하곤 한다. 물론 최우선순위는 꼭 해야 하는 전화이고 다음으로 안부전화 그리고 가족과의 대화다.

전화는 참으로 매력적인 커뮤니케이션 수단이라 잘만 활용하면 커다란 효과를 얻을 수 있는 반면, 상대방의 얼굴이 보이지 않기 때문에 잘못하면 오해를 불러일으킬 소지도 있다. 따라서 전화예절을 잘 숙지하여 실천하는 것이 중요하다.

찾는 사람이 없을 때 자신이 누구인지 밝히지도 않고 툭 끊어

버리는 사람, 전화를 걸었을 때 퉁명스럽게 받는 사람, 자신의 할 말만 잔뜩 늘어놓고 끊는 사람 등 전화예절을 지키지 않는 사람은 부지기수다. 더욱이 너도나도 휴대전화를 사용하다보니 문제는 곳곳에서 터져 나온다.

전화는 이제 우리 생활의 일부분이다. 그럼에도 불구하고 전화예절의 중요성은 별로 인식하지 못하는 것 같다. 상대방의 얼굴은 보이지 않고 목소리만으로 연결되기 때문에 많은 사람이 전화응대에 무책임한 태도를 보이는 것이다.

전화는 항상 공손히 받아야 하며 통화내용은 메모하는 것이 좋다. 또한 전화를 걸어온 사람이 윗사람이거나 상사일 때는 상대방이 끊고 난 후에 수화기를 내려놓아야 한다.

전화를 걸 때는 먼저 자기 이름과 소속을 밝히는 것이 기본예절이다. 그리고 용건이 끝나면 인사말을 하고 전화를 건 쪽에서 먼저 수화기를 내려놓는다. 그러나 상대방이 윗사람이거나 여성일 경우에는 상대방이 먼저 수화기를 놓은 후에 전화를 끊는 것이 예의다. 통화 도중에 전화가 끊어지는 경우에는 전화를 건 쪽에서 다시 거는 것이 옳다. 만약 전화를 잘못 걸었을 경우에는 반드시 사과를 한 후에 전화를 끊는다.

전화벨이 울리면 가능한 한 빨리 받고 회사 이름과 소속 부서,

자신의 이름을 말한다. 전화를 걸어온 상대방이 누구인가를 알고 나면 곧바로 인사를 한다. 만약 다른 사람을 찾으면 친절하게 바꿔준다. 만약 상대방이 찾는 사람이 부재중일 때는 메시지가 있는지 확인하여 정확하게 전달해 준다. 아무리 바쁘더라도 잘못 걸려온 전화를 친절하게 받는 예절은 지켜야 한다.

전화를 통한 커뮤니케이션은 상대방과의 친근감을 높이고 신속하게 커뮤니케이션을 할 수 있다는 장점이 있다. 그 장점을 최대한 살리려면 가능한 한 밝은 표정을 지으며 대화하는 것이 좋다. 설사 얼굴이 보이지 않을지라도 이쪽의 감정이 목소리를 타고 상대편에게 전달되기 때문이다.

하루에 5통 이상 누구에겐가 전화를 해보라. 그것이 쌓이면 인간관계의 폭이 상당히 넓어진다.

## ■■ 신언서판(身言書判)

신언서판이란 중국 당나라 때 관리를 선출하던 네 가지 기준
으로, 인물을 선택하는데 표준으로 삼던 조건이기도 하다. 신
(身)은 사람을 보면 가장 먼저 그 사람의 풍모에서 그의 가치를
느끼게 되어 어떤 사람인지 판단할 수 있다는 것이다. 언(言)은
그 사람이 쓰는 언어에서 그를 판단할 수 있는 근거를 찾을 수
있다는 것이고, 서(書)는 글에서 그 사람의 됨됨이를 느낄 수 있
다는 것이다.

우리는 많은 사람과 어울려 살아간다. 그리고 그 많은 사람은
나름대로의 개성, 특징, 성격을 지니고 있기 때문에 함께 어울리
면서 온갖 우여곡절을 겪게 된다. 특히 '사람에게 데었다'고 말
할 정도로 인간관계로 인해 피해를 입었거나 뭔가 상처를 얻은
사람은 쉽게 친분관계를 맺으려 하지 않는다. 이러한 시행착오
를 줄이려면 가능한 한 빨리 상대방의 인간 됨됨이를 파악해야
한다. 한참이 지난 다음에야 비로소 '아, 그는 이런 사람이구나'
라고 깨닫게 된다면 이미 많은 기회비용이 발생하고 만다.

반대로 우리가 다른 사람들에게 어떻게 비춰지는가를 살펴보는 것도 꼭 필요한 일이다.

첫째, 신(身)은 외모다. 내가 상대의 외모를 보고 판단하듯, 다른 사람이 나의 외모에서 어떤 느낌을 받을지 생각해보아야 한다. 이왕이면 다른 사람이 나를 볼 때 기분 좋은 사람, 이미지가 좋은 사람으로 느껴야 인간관계가 훨씬 효율적이고 건설적일 것이다. 이미지는 얼마든지 관리할 수 있다는 사실은 이미 앞에서 살펴보았다.

둘째, 언(言)은 커뮤니케이션이다. 같은 이야기라도 '아' 다르고 '어' 다르다고 하지 않던가. 좋은 언어를 구사하려면 많은 독서가 필요하고 또한 남의 이야기를 경청하는 자세도 요구된다. 자기 의견을 청산유수처럼 쏟아낸다고 해서 말을 잘하는 것은 아니다. 무엇보다 때와 장소를 가릴 줄 알아야 하고 행동과 어휘선택에도 신중해야 한다. 상대방을 고려하지 않고 무작정 쏟아내는 언어는 공해에 불과하다.

셋째, 글(書)은 글씨와 내용을 포함한다. 나는 고등학교에 다닐 때까지만 해도 지독한 악필이었지만, 대학에서 붓글씨를 배운 후 글씨체를 바꾸게 되었다. 글씨는 노력에 의해 얼마든지 바뀔 수 있다.

글씨보다 더 소중한 것이 글, 즉 내용이다. 글은 얼마나 진실하고 간결하며 이해하기 쉬운가가 중요하다. 남이 알아보지도 못할 글을 쓰는 것은 커뮤니케이션에 장애요인이 될 수 있다. 그러나 글은 하루아침에 느는 것이 아니므로 평소의 노력이 중요하다. 기회가 있을 때마다 글을 쓰려는 자세가 필요한 것이다. 특히 나는 하루에 3통의 편지를 쓰라고 권하고 싶다. 글은 쓰면 쓸수록 느는 것이기 때문이다.

'신언서판' 은 늘 염두에 둘 성공요소이자 노력에 의해 개선될 수 있는 관리 가능한 요소다.

# 세상 사람은 다 보물이다

세상을 살아가는데 있어서 가장 소중한 것은 바로 '사람'이다. 사람을 어떻게 만나고 함께하느냐에 따라 그 사람의 행복이 달라지고 성공도 할 수 있기 때문이다.

우리 주변에는 사람이 참 많다. 막말로 발에 채는 것이 사람이다. 하지만 그들 하나하나를 보물로 생각하는 사람은 드물다. 사람이 보물이라는 것을 인식하지 못하기 때문이다. 그러나 그 생명을 세상에 내놓기 위해 애썼을 많은 사람, 그를 소중히 여기고 그와 함께하는 것을 기뻐할 사람, 그를 필요로 하는 많은 사람을 생각해보면 하나하나의 생명은 매우 소중하게 여겨진다.

세상의 모든 사람은 때와 장소에 따라 서로 돕고 의지할 수 있는 좋은 동반자이다. 하지만 그것은 사람을 그렇게 인식하고 받아들여야만 가능한 일이다.

훌륭한 목수는 주변에 흩어져 있는 나무들이 그 생김새에 따라 각자 쓰임새가 있음을 간파하고 작은 것 하나라도 쉽게 내던지지 않는다. 뛰어난 조각가는 돌덩이의 생김새를 그대로 받아

들여 나름대로 창조적인 작품을 만들어낸다. 마찬가지로 우리는 주변의 모든 사람을 하나하나 귀하게 여기고 그들과 잘 협조하여 서로에게 도움이 되도록 노력해야 한다.

'하늘은 스스로 일어서려고 하는 자를 돕는다'고 하는 말은 사실 주변 사람이 그 사람의 평소의 행동거지를 살피고 있다가 그에게 도움을 주기도 하고 방해하기도 한다는 뜻일 것이다. 따라서 늘 주변 사람에게 최선을 다하고 진실하며 성실히 인간관계를 쌓아가야 한다. 그러면 언젠가는 그들로부터 그만한 대가를 받게 될 것이다.

한 조사에 따르면 성공한 사람의 97퍼센트가 성공의 가장 중요한 요소로 '인간관계'를 꼽았다고 한다. 이는 사람을 보물로 보는 자세의 결과물이다. 오늘부터라도 주변의 모든 사람을 보물로 보려는 노력을 해보라. '미인대칭'을 실천하면 자연스럽게 주변 사람과 친밀도가 높아지고 서로 이해하는 폭이 넓어지며 인간관계는 향상될 것이다.

이때, 중요한 것은 진심을 담아야 한다는 것이다. 미소 뒤에 가식이 있을 경우 사람들은 그 사실을 더 빨리 알아채기 때문이다. 진실한 마음을 지니려면 스스로를 반성하고 자신의 긍정적 자아를 끌어내려는 성찰의 노력을 꾸준히 해야 한다.

성공을 꿈꾸는 사람이라면 누구나 모든 인간관계는 자신으로부터 출발한다는 점을 명심하고, 주변 사람을 보물로 여길 수 있는 자세를 가다듬어야 한다.


## ■■ 인맥관리


한 조사에 따르면 96퍼센트의 직장인이 '직장생활을 효과적으로 하기 위해서는 인맥이 필요하다'라고 인식하는 것으로 나타났다. 그러나 자신의 인맥관리에 대한 평가에서는 66퍼센트의 직장인이 '인맥관리를 잘하고 있지 못하다'라고 대답했다. 그 이유로는 소극적인 성격 때문이라는 응답이 30.5퍼센트로 가장 많았고, 관리방법을 몰라서가 29.5퍼센트로 그 뒤를 이었다.

한편, '인맥' 하면 떠오르는 이미지에 대한 질문에는 학연, 파벌, 접대, 아부, 낙하산, 로비 등 부정적 표현이 57퍼센트를 차지한 반면 수평적 네트워크, 상부상조, 든든한 백그라운드, 인생의 보험 등 긍정적인 표현은 32퍼센트에 그친 것으로 조사되었다.

결국 직장인은 인맥관리를 중요하게 생각하면서도 이를 부정적, 음성적인 측면으로 인식하고 있는 셈이다. 그렇다면 효과적인 인맥관리를 위해 가장 먼저 해야 할 일은 인맥에 대한 인식을 긍정적으로 전환하는 것이다.

인맥은 어려울 때 도움을 받을 수 있는 중요한 능력이자 정보를 주고받을 수 있는 네트워크다. 이러한 인맥을 잘 관리하려면 몇 가지 요령이 필요하다.

첫째, 새로운 정보에 민감해야 한다.

다른 사람에게 호감을 주는 사람, 기억에 남는 사람이 되려면 사소한 정보일지라도 적절한 때에 상대방이 필요로 하는 정보를 알려주는 감각을 갖춰야 한다.

둘째, 모임에서는 리더가 되는 것이 좋다.

모임에서 리더로 활동하는 것은 심리적, 육체적으로 피곤한 일이지만 모임의 모든 사람과 개인적인 신뢰관계를 쌓을 수 있는 기회가 제공되고, 이 기회는 곧 인맥으로 연결될 수 있다.

셋째, 다수보다는 소수에 투자하는 것이 좋다.

무조건 많은 사람을 만난다고 해서 좋은 것은 아니다. 많이 아는 것보다는 필요한 사람을 얼마나 아는가가 더 중요하다. 즉, 의미 없는 다수의 사람을 만날 시간에 꼭 필요한 한 사람을 여러

번 만나는 것이 좋은 인맥을 형성하는 확실한 방법이다. 자신이 알고 있는 인맥 가운데 꼭 필요한 사람을 선별하여 지속적으로 투자하라. 선택과 집중이 필요하다.

한편, 요즘은 디지털시대인 만큼 디지털 인맥을 형성하는 것도 상당히 효율적이다. 디지털 인맥이란 인터넷을 통해 알게 된 인맥으로 온라인을 통해 자신이 관심 있는 분야에 대한 정보와 지식을 공유한다. 따라서 디지털 인맥을 형성하려면 먼저 자신이 무엇을 하고 싶은지, 어떤 인맥을 원하는지를 파악해야 한다.

디지털 인맥을 형성하는 가장 좋은 방법은 인터넷 동호회에 가입하여 활발하게 온라인 활동에 참여하는 것과 적극적으로 오프라인 모임에 참가하는 것이다.

디지털 인맥은 자신이 선택한 분야의 친밀도와 참여도에 따라 인맥의 수와 깊이가 결정되기 때문에, 항상 능동적인 자세로 자주 참여해야 좋은 인맥을 형성할 수 있다. 좋은 인맥 형성은 성공을 위한 지름길이다.

## ■■ 퍼스널 브랜드 구축은
## 성공을 위한 새로운 키워드

누구나 타인으로부터 인정받고 싶어한다. 그러나 인정을 받으려면 꼭 갖춰야 할 요소가 있는데, 그 대표적인 것이 바로 퍼스널 브랜드(Personal Brand)다. 퍼스널 브랜드는 자신의 생각, 태도 그리고 행동방식 등을 하나의 약속으로 만들어 자신과 타인에게 명확하게 제시하고 그것을 성실하게 이행함으로써 얻어지는 결과를 말한다. 쉽게 말해 타인의 머릿속에 남는 자신에 대한 전반적인 이미지라고 할 수 있다.

타인의 머릿속에 남는 자신의 브랜드 가치를 높이려면 강한 의지와 함께 구체적이고 현실적인 전략이 필요하다. 일반적으로 '브랜드' 라는 말은 기업과 상품에서 많이 쓰이고 있기 때문에 사람에 대한 '브랜드' 의 개념은 아직 생소한 편이다. 그러나 이름만 대면 단번에 그 사람의 이미지가 떠오르는 대중적인 사람은 자신의 퍼스널 브랜드를 확고하게 굳힌 것이라고 할 수 있다.

코카콜라나 소니 같은 상품 브랜드가 엄청난 가치를 인정받고 많은 고객에게 인정받는 데는 엄청난 노력과 시간이 소요되었다. 마찬가지로 퍼스널 브랜드가 가치를 지니려면 꾸준한 노력이 필요하다. 그래야만 타인으로부터 인정을 받고 자신의 목표를 달성하는데 큰 힘이 되는 것이다.

퍼스널 브랜드가 잘 형성된 사람은 그렇지 못한 사람보다 성공할 확률이 높다. 따라서 자신을 널리 알리겠다는 확고한 의지가 섰다면 그에 따른 노력이 뒤따라야 한다. 결심이 현실로 이루어질 때까지는 끝없는 노력을 기울여야 하는 것이다.

1980년대 중반, 미국에서 소니의 인지도 조사를 실시했다. 미국인이 일본제품 소니를 어떻게 인식하는지 알아보기 위한 조사였다. 그 첫 번째 질문은 "소니는 어느 나라 제품인가?"였다. 지금은 질문 자체가 어처구니없게 들릴지도 모르지만, 당시 결과는 엉뚱하게 나왔다. 소니를 미국제품으로 인식하는 미국인이 38퍼센트가 넘었던 것이다. 미국인의 3분의 1 이상이 소니를 미국제품으로 인식하게 된 이유는 소니의 브랜드 전략 때문이다. 1957년에 처음으로 미국시장에 진출한 소니는 '소니'라는 브랜드를 일본이 아닌 글로벌 브랜드화하려는 전략으로 끊임없이 노력했던 것이다.

기업과 마찬가지로 개인도 인생에서 보다 큰 성공을 이루려

면 자신만의 브랜드를 확고하게 다져가는 전략이 필요하다. 목
표를 분명히 하고 그것을 달성하기 위한 노력을 지속적으로 기
울이면서 자신만의 브랜드를 다져나가는 작업은 성공을 위한
키워드다.

# 누구에게나 끌리는 사람이 되라

　자신이 다른 사람에게 좋게 알려지는 것을 싫어하는 사람은 없다. 또한 이름이 널리 알려진 사람과 함께하는 것을 싫어하는 사람도 없다. 그렇다면 사람들은 왜 강하고 예쁘고 매력적이고 널리 이름이 알려진 사람을 좋아하는 것일까? 그것은 그런 사람 가까이에 있으면 얻는 것이 많기 때문이다.

　미인이나 잘생긴 사람은 보고만 있어도 기분이 좋다. 강한 사람과 친하면 무언가를 얻게 된다. 사람들이 보상을 제공할 수 있는 대상에게 호감을 느끼는 것을 심리학에서 '단순보상의 효과(Simple Reward Principle)' 라고 한다.

　일반적으로 잘난 사람과 함께 있으면 자신의 주가도 덩달아 올라간다고 생각하는 경향이 강하다. 그래서 그런지 유명인사와 함께 사진을 찍으려고 하는 사람이 많다. 그 사람과 함께 찍은 사진을 걸어놓고 있는 것 자체만으로도 그의 영향을 받는 것 같은 느낌이 들고, 다른 사람에게 과시할 수 있는 계기가 되기 때문이다. 매력적이고 힘 있는 사람과 함께 있는 사람의 사회적 지

위나 가치를 높게 평가하는 것을 '방사효과(Radiation Effect)'
라고 한다.

남성이 신체적으로 매력적인 여성을 선택하는 것이나 여성이
유능한 남성을 선택하는 이유는 그것을 통해 단순보상뿐 아니
라 자신의 지위를 과시하거나 주가를 끌어올릴 수 있다고 생각
하기 때문이다. 따라서 우리는 다른 사람에게 끌리는 사람이 되
고자 노력할 필요가 있다. 외모가 출중해야만 타인의 주목을 받
을 수 있는 것이 아니다. 다른 사람을 끄는 사람은 보통 경쟁력
있는 경우가 많으므로 무엇보다 경쟁력을 높이기 위해 노력해
야 한다.

사람들이 성공한 사람, 힘 있는 사람, 인기 있는 사람과 함께
어울리고 싶어하는 또 다른 이유는 '근묵자흑' 이나 '유유상종'
의 개념을 의식하기 때문이다. 어떤 한 사람을 평가할 때, 그가
누구와 관계가 있고 또한 어울리는가는 중요한 판단척도가 되
는 것이다. 사람들이 성공한 사람, 힘 있는 사람, 인기인과 관계
가 있다는 것을 통해 자신의 이미지를 높이는 것을 '반사된 영
광 누리기(Basking in Reflected Glory)' 라고 한다.

누구에게나 끌리는 사람이 되려는 노력은 그만큼 그 사람을 키
워주는 효과가 있다. 반대로 남들이 거리를 두고자 하는 사람이

되면 이미 실패의 길로 들어서고 있다고 할 수 있다. 따라서 주변에 자신과 가까워지려고 하는 사람이 많은지 아니면 거리를 두고자 하는 사람이 많은지를 살펴보고 스스로 노력을 기울여야 한다. 미래는 자신의 노력에 의해 바뀌는 것이기 때문이다.


## ■■ 타인의 단점을 함부로 말하지 말라


누구에게나 단점은 있게 마련이다. 그리고 대다수의 사람이 자신의 약점이나 단점을 감추고 싶어한다. 많은 사람이 자신의 단점에 대해 일종의 콤플렉스가 있는데, 이것을 건드리는 것은 상대의 자존심을 건드리는 것과 마찬가지라 인간관계를 해치게 된다.

한비자의 유명한 말 중에 '역린지화(逆鱗之禍)' 라는 것이 있다. 이는 용은 원래 순한 동물이어서 잘 길들이면 타고 다닐 수도 있으나, 목 근처에 있는 거꾸로 된 비늘(逆鱗)을 잘못 건드리

면 용이 그 사람을 죽인다는 의미다. 이는 사람에게도 이러한 역
린이 있으니 이것을 건드리지 말라는 뜻을 담고 있다. 아무리 좋
은 조언이라고 해도 역린은 절대 건드려서는 안 된다는 것이다.

'역린'을 요즘 말로 한다면 '콤플렉스'라고 할 수 있다. 상대
방의 콤플렉스를 건드리면서 그 사람과 좋은 인간관계를 맺고
자 하는 것은 무리다. 개중에는 상대방의 약점을 유난히 잘 집어
내는 사람이 있다. 그런 사람 주위에는 당연히 사람이 모이지 않
는다. 자신의 역린을 건드리는 사람을 누가 좋아하겠는가.

'콤플렉스를 건드리면 돌부처도 돌아앉는다'는 말이 있다. 인
간관계에서 콤플렉스를 건드리는 것은 치명적이라는 얘기다.
따라서 상대방과 대화를 나눌 때, 단점이나 약점이 보일지라도
그것을 마음속에 잘 간직했다가 적당한 시점에 조심스럽게 이
야기해주는 지혜를 발휘해야만 한다. '당연한 얘기를 했는데 뭘
그래'라고 생각할 수도 있지만, 그것은 이기적인 발상이다. 무
심코 던진 돌멩이에 개구리는 맞아죽을 수도 있다는 말을 기억
할 필요가 있다.

# ■ ■ 잘못한 것이 있으면 사과하라!

살다보면 가끔 다툴 일이 생기기도 한다. 아무리 친한 사람일지라도 의견이 달라서 혹은 판단을 잘못해서 불편한 관계가 되는 경우도 있다. 이때, 가장 먼저 해야 할 일은 '사과' 다. '미안합니다', '죄송하게 되었습니다', '제 생각이 잘못된 것 같습니다' 등 사과의 말 한 마디가 두 사람의 관계를 복원할 수 있는 가장 좋은 치료제다. '비 온 뒤에 땅이 굳는다' 는 말은 서로의 관계가 소원할 때 잘 봉합하고 나면 그 관계가 훨씬 더 단단해질 수 있다는 것을 의미한다.

사실, 싸움의 발단은 아주 사소한 일이 대부분이다. 그런데 서로 화를 참지 못해 사소한 불씨를 크게 키우고 마는 것이다. 여기에는 쓸데없는 자존심도 한몫 거든다. 자존심은 부릴 때 부려야 하는 법이다. 한번만 더 생각해보고 자신이 잘못했다고 생각한다면 그 자리에서 사과하라. 실수는 누구나 할 수 있다. 중요한 것은 실수나 잘못을 인정하고 관계를 복원하는 것이다.

잘못을 저지르고도 사과하지 않는 사람은 자기반성 능력이 없는 것이며, 교만하고 자기중심적인 사람도 사과하고는 거리가 먼 경우가 많다. 또한 사과할 줄 모르는 사람은 주로 남의 탓을 하고 열등감이 심하다. 당당하지 못한 것이다.

실제로 많은 사람이 잘못한 줄 알면서도 사과하지 않는다. 사과를 하면 잃는 것이 더 많다고 생각하기 때문이다. 그러나 그 반대로 먼저 사과하면 자신에게 이득이 된다. 진심을 담은 사과는 자신의 상처뿐 아니라 상대방의 상처도 치유하기 때문이다.

진실한 사과를 하려면 먼저 자기반성을 한 다음, 상대의 고통을 인정하고 진지하게 사과해야 하며 다시는 그런 일이 없을 것이라는 약속을 해야 한다. 만약 변명을 늘어놓으며 합리화하려 한다면 문제를 더 크게 만들 수도 있다. 먼저 사과하라. 설명이나 변명은 나중에 해도 늦지 않다.

한번은 운전을 하다가 앞의 차를 가볍게 들이받은 적이 있다. 재빨리 차 밖으로 나온 나는 상대방이 화를 내기도 전에 이렇게 말했다.

"제가 잘못해서 깜빡하다가 차를 받았네요. 다치신 데는 없습니까? 이 사고는 전적으로 제 잘못입니다."

정중하게 사과한 다음 명함을 내밀자, 서슬 퍼렇던 상대방은 마음을 가라앉히며 자기 명함을 내밀었다. 이후 우리는 원만하게 사고처리를 했고 지금까지도 서로 연락을 하며 지내고 있다. 사고가 친구를 만들어준 것이다.

다나카 다쓰미(田中辰巳)는 자신의 저서 『사과의 기술(The Art of Apology)』에서 용서받지 못할 사과를 다음과 같이 분류하고 있다.

1) 변명과 반론이 섞인 사과,
2) 거짓과 은폐가 포함된 사과,
3) 얼버무리는 사과,
4) 진실을 표현하는 태도가 아닌 사과,
5) 때늦은 사과.

사과를 할 때, 우리가 가장 중요시해야 하는 것은 역시 진심이다.

# ■■ 끝이 좋아야 모든 것이 좋다

세상의 모든 일은 끝이 있게 마련이다. 시작이 있으면 끝이 있는 것은 당연하다. 그런데 시작은 잘 해놓고 끝처리를 하지 못하는 사람이 의외로 많은 것 같다. 첫인상은 좋은데 뒤끝이 좋지 않아 욕을 먹는 사람도 많이 있다.

좋은 관계를 오래 유지하려면 시작도 좋아야 하지만, 뒷마무리를 잘해야 한다. 한번 사람을 사귀면 끝까지 함께 간다는 자세로 대해야 하는 것이다. 아침저녁으로 마음이 바뀌고, 상황에 따라 자세가 바뀌면 사람들은 신뢰를 거둬들이고 하나 둘 떠나가게 된다.

사람들은 흔히 첫인상은 강조하면서 끝인상은 소홀히 한다. 그러나 첫인상은 좋았는데, 뒤끝이 안 좋으면 처음부터 인상이 안 좋았던 사람보다 더 나쁜 점수를 받는다. 그 이유는 본래의 기대치를 위반했기 때문이다.

어떤 사람에 대한 평가가 그 사람의 최근 정보에 의해 좌우되는 것을 심리학에서 '최신효과(Recency Effect)' 라고 한다. 첫인상은 이미 지나간 것이기 때문에 바꿀 수 없지만, 끝인상은 언제든 바꿀 수 있다. 사람의 인상이 대인관계에 얼마나 중요한지를 안다면 처음부터 끝까지 늘 올바른 자세를 보여야 하는 것이다. 사람에 대한 인상이나 평가가 좋아야 다른 사람을 사귀는데 많은 도움이 된다. 상대방이 이미 자신을 긍정적으로 보고 있기 때문이다.

마케팅의 일반법칙에 따르면 '불만족한 한 명의 고객은 10여 명에게 그 불만을 퍼뜨리지만, 만족한 고객은 3명 정도에게만 말한다'고 한다. 즉, 부정적인 인상을 주면 그만큼 많은 사람에게 입소문이 나게 된다는 얘기다. 이것을 '입소문 효과(Word of Mouth Effect)'라고 한다.

자신에 대한 입소문, 즉 구전효과를 높이려면 첫인상과 더불어 끝인상을 좋게 하기 위해 자기관리를 잘해야 한다. 자기관리를 철저히 하는 사람은 이러한 이유로 성공하는 것이다.

## ■■ 효율적인 회의

우리가 사회생활을 하면서 가장 많이 하는 일 중의 하나는 '회의' 다. 회사든 동호회든 사람이 모이는 곳이면 어디든 회의가 있다. 그런데 각종 회의에 참석에 참석해보면 도대체 왜 회의를 하는지 의문스러울 때가 많다. 회의가 비효율적으로 이루어지고 있기 때문이다. 회의를 건설적이고 효율적으로 한다면 서로에게 도움이 되고 좋을 텐데, 그런 체계를 갖추지 못해 시간낭비로 이어지는 사례가 많은 것이다.

회의의 중심축은 커뮤니케이션으로, 어떤 모임에서든 회의요령을 잘 익히는 것은 사회성과 리더십을 기르는데 많은 도움이 된다. 효율적인 회의를 위한 커뮤니케이션 요령을 정리하면 다음과 같다.

▶ 회의를 마치는 시간을 미리 정해두고 그때까지는 꼭 마치도록 노력한다.

▶ 참석자 모두 사전에 회의준비를 철저히 한다.

서로의 시간을 절약하고 효율적인 미팅이 되도록
하기 위해서다.

▶ 상대방의 말을 경청하는 습관을 들인다.

▶ 회의의 진행자, 기록자, 결정의 최종책임자를 미리 정해
역할분담을 한다. 난상토론의 경우에도 진행자를 미리
정해두는 것이 좋다. 그렇지 않으면 여기저기서 정리되지
않은 의견이 튀어나와 비효율적인 회의가 되기 십상이다.

▶ 회의 결과를 문서화하여 참가자 전원에게 보낸다.
정확하게 피드백 한 자료와 정보가 있어야 다음 회의가
더욱 효율적으로 진행될 수 있기 때문이다.

▶ 결정된 사항에 100퍼센트 동의하지 않더라도,
합의된 결정에는 100퍼센트 따르도록 해야 한다.

이러한 노력 없이 무조건 회의를 많이 한다고 해서 좋은 결과
물이 나오는 것은 아니다. 특히 효율성을 최대화하기 위한 체계
를 미리 갖춰두고 그러한 틀 안에서 회의를 진행하는 것도 바람
직하다.

   '말' 은 때로 총칼보다 더한 아픔을 가져다 준다. 신체적인 상처야 아물면 그만이지만, 마음의 상처는 쉽게 아물지 않는 것이다. 더욱이 그 상처는 그 사람의 다른 행동에 영향을 미쳐 또 다른 사람에게 상처를 주는 말의 씨앗이 될 수 있다. 이처럼 서로에게 상처를 주는 말의 악순환이 이어지면 심지어 사회분위기까지 나빠지게 된다. 이러한 현상을 '나비효과(Butterfly Effect)' 라고 한다.

   '나비효과' 라는 것은 중국 베이징(北京)에 있는 나비의 날갯짓이 다음 달 미국 뉴욕에서 폭풍을 발생시킬 수도 있다는 과학이론이다. 미국의 기상학자 에드워드 로렌츠(E. Lorentz)가 1961년에 기상관측을 하다가 생각해낸 이 원리는 훗날 물리학에서 말하는 카오스 이론(Chaos Theory)의 토대가 되었다. 이는 지구상 어디에선가 일어난 작은 변화로 예측할 수 없는 날씨 현상이 나타난다는 것이다.

처음에 이 현상을 설명할 때는 '나비'가 아닌 '갈매기'가 사용되었지만, 이후에 시적으로 표현하기 위해 갈매기를 나비로 바꾸었다. 이 가상의 현상은 기존의 물리학으로는 설명할 수 없는 이른바 '초기 조건에의 민감한 의존성', 곧 작은 변화가 결과적으로 엄청난 변화를 초래할 수 있는 경우를 표현하고자 한 것이다.

이것은 우리의 생활에도 그대로 적용해볼 수 있다.

예를 들어 상대방에게 긍정적이고 즐거움을 주는 말을 하면, 그 말이 '나비효과'를 일으켜 세상이 밝아질 수도 있는 것이다. 반대로 만약 남편이 출근하는데 아내가 나쁜 말을 했다면, 기분이 나빠진 남편은 출근해서 다른 직원이나 동료들을 나쁜 기분으로 대할 가능성이 높다. 그렇게 해서 직원 중에 상처를 받은 사람이 또 다른 사람에게 그런 행동을 하면 자신도 모르게 나쁜 기분이 옮겨가는 악순환이 이어진다. 사회가 전반적으로 이러한 분위기에 휩싸여 있으면, 생산성이 떨어지는 것은 당연하다. 그러나 즐거운 마음으로 출근한 사람이 다른 사람에게 유쾌한 바이러스를 전염시키면 밝고 명랑한 사회가 될 것이다.

## 적절한 자기 PR은 인간관계의 윤활유

원래 PR은 '공중과의 관계(Public Relations)' 라는 뜻으로 '개인, 기업의 주체 혹은 공공기관이 주변 공중과의 관계를 좋게 하는 것' 으로 해석할 수 있다. 즉, 개인이나 기업, 정부가 자신을 둘러싸고 있는 공중과 어떻게 우호적인 관계를 유지할 것인가를 연구 및 전개하는 것이다.

특히 개인은 자기 PR을 어떻게 하느냐에 따라 사람들로부터 신뢰를 얻는 정도가 달라지므로 적절한 자기 PR은 필수적이다. 사실 우리는 이미 여러 가지 요소, 즉 휴대폰, 손목시계, 의상, 가방, 명함 등을 통해 이미 자기 PR을 하고 있는 셈이다. 중요한 것은 이러한 요소를 보다 전략적으로 이용하면 그렇지 못한 경우보다 인간관계를 형성하는데 유리하다는 점이다.

어떤 사람은 PR을 '피할 것은 피하고 알릴 것은 알린다' 라고 해석하기도 하는데, 어느 정도 일리가 있다고 생각한다. 자신에게 불리한 사항은 가능한 한 노출하지 않는 것이 좋기 때문이다. 반면, 적극 알릴 필요가 있는 것은 널리 알리는 것이 바람직하다.

자기 PR을 위해서는 다음과 같은 과정을 거치도록 한다.

▶ 자신의 인생목표를 분명히 한다.
그래야 목표에 맞는 PR전략이 나올 수 있기 때문이다.

▶ 목표에 따른 실천계획과 달성기간을 정한다.
가고자 하는 길과 도착할 시점이 정해져 있어야 한다.

▶ 실천계획을 차례차례 실천한다.

▶ 실천계획에 PR전략을 넣도록 한다.
자신을 효율적으로 PR하기 위해 염두에 두어야 할 사항은
다음과 같다.

▶ 이력서를 일정기간마다 업그레이드한다.
이는 타인에게 자신을 보다 선명하게 알리기 위한 작업인
동시에 자신이 지난 기간 동안 어떻게 발전했는가를
점검해보는 계기가 된다.

▶ 홈페이지를 만들어 운영하는 것도 좋은 자기 PR 요령이다.
블로그 역시 적극적으로 활용하는 것이 좋다. 자신을 남에
게 확실히 알릴 수 있는 방법은 모두 동원하는 것이 좋다.

▶ 자신의 프로필 사진은 전문가에게 부탁하여 찍는다.
같은 모습이라도 누가 어떻게 찍느냐에 따라 사진이
전혀 달라질 수 있기 때문이다.

▶ 명함은 전략적으로 자신의 이미지에 맞게 전문가와
상의하여 만든다.

▶ 가능하면 이미지 컨설턴트의 자문을 받아 의상과 소품
등을 자신의 콘셉트에 맞게 통일하는 것이 좋다.

▶ 자신을 알릴 수 있는 매체를 최대한 활용한다.
(신문, 잡지, 방송, 인터넷 등)

▶ 자기 PR이 원하는 대로 되고 있는지 정기적으로
점검하여 수정할 것이 있으면 즉시 수정한다.

나름대로의 PR전략을 짜고 그것을 실천하면 '그냥 나만 잘하
면 되지' 라고 생각하며 살아가는 사람보다 훨씬 더 효율적인 인
간관계를 맺을 수 있다.

# ■ ■ 상대방의 의중을 잘 파악하라

우리는 간혹 자신의 이야기만 잔뜩 늘어놓는 사람을 만나기도 한다. 그런 사람은 상대방이 듣거나 말거나 자기주장만 펼치는데 여념이 없다. 하지만 그 사람의 말이 실제로 상대에게 전달될 확률은 매우 낮다. 그래도 본인은 자기 할 말을 다 했으니 상대방이 알아들었으리라 생각한다. 엄청난 이기주의다.

이야기를 할 때는 상대방이 말을 받아들일 상황인지 아닌지부터 파악해야 한다. 대화라는 것은 주고받는 것이지 절대로 일방통행로가 아니다. 그럼에도 이런 사소한 규칙마저 위반하는 사람이 많다. 어쩌면 그렇기 때문에 상대방의 상황을 잘 파악하고 의중을 읽어 대응하는 사람이 대인관계가 원만한 것인지도 모른다.

다른 사람이 자신을 어떻게 생각하고 있는지 정확하게 파악하여 자신의 행동을 적절하게 통제하는 것을 심리학에서 '자기감찰(Self-Monitoring)' 이라고 한다. 이러한 자기감찰 능력은 인간관계를 잘 유지하게 해주는 중요한 요소다.

누군가를 만나 대화할 때는 항상 상대방의 입장에 서서 생각하는 습관을 들여야 한다. 아무리 자기 의견이 옳을지라도 상대방이 아니라고 생각한다면, 서로의 일치점을 찾기 위한 노력이 필요하다. ‘나는 옳고 너는 틀렸다’는 자세는 삼가야 한다. 단지 생각이 다를 뿐이지 결코 틀린 것은 아니다. ‘다르다’는 것을 인정하라. 모든 사람이 같은 생각으로 같은 행동을 한다면, 세상이 얼마나 밋밋하겠는가.

늘 상대방의 의중을 파악하려는 자세를 유지해야 한다. 그것은 상대에게 아부하기 위해서가 아니고, 자신의 뜻을 관철시키고 좋은 인간관계를 맺기 위한 전략적 자세다.

한자의 ‘사람 인(人)’은 사람이 서로 기대어 살고 있는 모습을 형상화한 글자이다. 사람은 혼자서 살 수 없다는 얘기다. 어쩔 수 없이 어울려 살아야 한다면, 가능한 한 좋은 인간관계를 맺는 것이 바람직하다. 따라서 상대의 의중을 잘 읽고 그에 맞추려는 노력을 게을리해서는 안 된다.

# 주고받는 자세로 인간관계를 유지하자

인간관계에서 가장 소중한 것은 이기심을 버리고 상대방을 위해 먼저 양보하고 배려하는 자세다. 물을 끌어당기려고 하면 물은 도망간다. 그러나 물을 밀어내려고 하면 밀려들어온다. 먼저 주는 자세로 사람을 대하고 커뮤니케이션을 해보자.

길에서든 사무실에서든 사람을 만났을 때, 먼저 인사하고 웃고 대화를 나누면 여러 사람에게 행복바이러스가 전파된다. 기회가 되는 대로 주변 사람에게 안부전화를 먼저 해보자. 분명 많은 사람이 행복해할 것이다. 오랫동안 안부를 전하지 못했던 사람에게 편지를 먼저 써보는 것도 좋은 커뮤니케이션 자세다.

'상대방이 나에게 먼저 인사하지 않는데 내가 왜 해!' 라고 생각하는 순간 중요한 사람은 나를 떠나게 된다. '저 사람이 있어 감사하다' 라고 생각하면서 먼저 인사를 하게 되면 둘 다 행복해지고 세상이 밝아진다.

먼저 주고 볼 일이다. 대가를 기대하지 않는 자세로 무조건 주라고 가르치신 부처님이나 예수님의 말씀은 우리에게 큰 인간관계의 틀을 제시한 것이다.

사실, 받기만 하고 마음 편한 사람은 없다. 받으면 어떻게든 갚고 싶은 것이 인간의 본성이다. 그처럼 뭔가를 받은 사람이 마치 빚을 진 느낌이 되어 갚으려 노력하는 것을 '상호성의 원칙(Reciprocation Principle)' 이라고 한다. 실제로 한 실험결과에 따르면 받은 사람은 준 사람에 대한 호의도가 무척 높다고 한다.

불교에서의 '보시(普施)' 는 이러한 법칙을 한 마디로 대변하고 있다. '베풀어라', '보시하라', '사랑하라' 는 말은 모두 먼저 양보하고 주고받으라는 인간관계의 법칙과 일맥상통한다.

자신의 이익을 먼저 챙기는 사람의 주변에는 사람이 없다. 설사 있다 하더라도 언젠가 기회가 되면 떠날 사람들이다. 진정한 인간관계는 따뜻하게 베푸는 마음으로부터 시작되는 것이다.

지금 당장이라도 주변 사람들을 보면서 속으로 이렇게 말하라.

'저 사람은 나에게 보물이다. 내가 저 사람에게 줄 것이 없을까?'

만약 뭔가 줄 것이 있다면 주도록 하라. 의식하지 않더라도 그 대가는 반드시 돌아오게 되어 있다. 행운은 자기 스스로 만드는 것이다.

# ■ ■ 성공적인 대화기술 익히기

대화는 중요한 인간관계를 형성하는 토대다. 그것을 통해 우리는 친근감을 기르고 업무를 촉진하며 단결을 강화할 수 있다. 따라서 대화할 때는 다음과 같은 점에 유의하면서 자신의 경쟁력을 강화하려는 노력을 기울여야 한다.

첫째, 대화할 때는 먼저 상대방을 존중하는 마음자세를 갖춘다. 상대방이 윗사람이 아니더라도 존중하는 자세를 갖춰야 상대의 말이 잘 들린다.

둘째, 경청한다. '경청은 성공으로 가는 계단' 이라는 말이 있다. 경청은 상대에게 신뢰감을 주며 대화할 분위기를 조성하고 상대로 하여금 솔직하게 이야기할 수 있는 여건을 만들어준다.

셋째, 30퍼센트를 말하고 70퍼센트를 듣는다. 말하기보다 듣기를 더 많이 하라는 얘기다.

넷째, 상대방의 이야기에 수긍하는 반응을 보인다. 고개를 끄덕이거나 미소를 짓거나 손을 움직이는 등의 반응으로 상대의 말을 잘 듣고 이해하고 있음을 표시하는 것이 좋다.

다섯째, 이야기의 흐름을 잘 타야 한다. 상대방은 한 주제에 대한 이야기를 끝내고 다른 이야기를 하고 있는데 나는 내 자신의 이야기만 고집한다면 이야기가 통하지 않는다. 설사 내 이야기를 더 하고 싶더라도 상대방이 이미 다른 주제를 이야기하면 일단 따라갔다가 적당한 시점에 다시 돌아오는 융통성을 발휘해야 한다. 대화를 성공적으로 이끌기 위해서는 상대방을 배려하는 마음이 우선시되어야 하는 것이다.

여섯째, 이야기의 주제를 잘 파악한다. 상대방이 어떤 의도로 이야기하는지 파악하여 정확한 커뮤니케이션이 되도록 해야 한다.

일곱째, 혹시라도 말실수를 했을 경우에는 진심을 담아 재빨리 사과한다. 상대의 약점이나 사실이 아닌 사항을 이야기했다면 곧바로 사과해야 한다. 그러지 않고 계속 대화를 진행한다면, 상대는 이미 마음이 상한 상태라 어떤 말도 들으려 하지 않을 것이다.

마지막으로 적당한 시점에 대화를 마무리한다. 대화는 너무 길어지면 지루해지고 집중력이 떨어지며 너무 빨리 끝내면 이해가 부족한 상태에서 마무리되고 만다. 따라서 적절한 시점을 잘 파악해야 한다. 대화를 끝낼 때 '오늘 이야기 충분히 이해하셨죠?', '제 얘기가 도움이 되었나요?' 등의 말로써 확인작업을 하는 것도 좋은 방법이다.

# 유머감각이 있는 사람은 더 좋은 인간관계를 맺을 수 있다

사람이 늘 즐거울 수는 없다. 살다보면 이런 일 저런 일을 겪게 되고 간혹 힘든 일이 주어지기도 한다. 이처럼 우여곡절이 있는 인생살이에서 윤활유 역할을 하는 것이 바로 유머다. 유머감각이 있는 사람은 늘 주변 사람을 즐겁게 해주며 편안함을 느끼게 하므로 좋은 인간관계를 맺는다.

유머감각은 타고날 수도 있지만, 대개는 노력으로 유머감각을 익힌다. 세계적인 정치지도자나 성공자 중에 유머감각이 뛰어난 사람이 많은 이유는 그들이 남다른 노력을 기울였기 때문이다.

유머감각이 있는 사람은 상대방에게 편안하면서도 좋은 인상을 준다. 재치 있는 말은 웃음과 더불어 마음의 문을 열도록 하는 것이다. 이러한 유머는 노력에 의해 더 세련되게 구사할 수 있는데, 유머감각을 키우려면 다음의 몇 가지를 염두에 두는 것이 좋다.

첫째, 유머와 관련한 책을 많이 읽는다. 시중에 다양한 유머집이 나와 있으니 잘 선택해서 읽기를 권한다.

둘째, 유머집 중에서 자신의 스타일에 맞는 유머를 몇 개 골라 기회가 될 때마다 외운다. 자기 것으로 소화하려면 반드시 외워야 한다.

셋째, 외워둔 유머를 기회가 있을 때마다 써본다. 처음엔 어색하겠지만 자꾸 반복하다 보면 자연스럽게 외워지고 분위기에 맞게 각색까지 할 수 있다.

넷째, 여러 번 반복했던 것 중에서 가장 자신의 분위기에 잘 맞는 유머를 자기 스타일로 조금씩 수정한다.

이러한 과정을 거치다보면 자연스럽게 유머감각이 몸에 배게 되어 다른 사람과의 인간관계가 좋아진다. 유머감각도 노력에 따라 높일 수 있는 것이다.

## ■ ■ 주변 사람과 커뮤니케이션 할 때 주의할 사항

사람들 사이에 떠돌아다니는 말의 상당 부분은 과장되고 사실이 왜곡되어 있는 경우가 많다. 왜냐하면 사람들 사이에 전달되는 말은 아무리 잘 전달될지라도 70퍼센트 이상의 이해도를 넘지 않는다는 것이 정설이기 때문이다. 즉, 10개 중에서 7개 밖에 이해하지 못한 상태에서 다른 사람에게 넘어간다는 얘기다. 따라서 이야기가 몇 번 순환과정을 거치고 나면 실질적으로 바르게 전달되는 말은 반도 안 되는 셈이다. 그러므로 남의 이야기를 전달할 때는 조심해서 전달해야 한다. 결국은 그런 나쁜 상황을 본인도 당할 수 있기 때문이다.

가장 좋은 방법은 상대방과 마주앉아 얼굴을 쳐다보고 이야기하는 것이다. 말 옮기기를 좋아하는 사람은 사실상 악순환의 주범이며 결국은 그 폐해를 본인도 보게 된다. 따라서 주변 사람과 대화할 때는 다음과 같은 몇 가지를 염두에 두고 커뮤니케이션을 하는 것이 좋다.

▶ 다른 사람의 개인적인 비밀이나 잘못을 폭로하는 것은 삼간다. 개개인의 사생활은 보호되어야 한다. 개인의 비밀인 줄 알면서 그것을 여기저기 퍼뜨리고 다니면 그 소문의 당사자와는 영원히 복원하기 어려운 사이가 되고 말 것이다.

▶ 고의로 상대방의 실수를 과장하고 떠벌리는 것도 삼간다. 상대방에게 직접 확인하지 않은 채 사실을 왜곡하고 과장하여 떠벌리는 사람은 결국 다른 사람으로부터 신뢰를 잃게 된다. 더욱이 그것은 부메랑이 되어 자신이 피해를 입고 만다.

▶ 타인에게 옮길 말이 있다면 먼저 사실성과 정확성을 확인해야 한다. '발 없는 말이 천리를 간다'는 속담처럼 말은 한번 퍼뜨리면 빠른 속도로 돌아다니므로 상대방을 생각하면서 신중하게 커뮤니케이션을 해야 한다.

특히, 오늘날에는 인터넷 통신망으로 인해 그 확산속도가 빠르고 범위가 넓기 때문에 말의 책임이 어느 때보다 중요하다. 가끔 매스컴에서 거론되는 일이지만, 많은 사람이 본의 아니게 왜곡된 말 때문에 피해를 입는 경우가 있다. 그것이 개인에게 얼마나 커다란 상처를 남기는지 안다면 또한 누구나 그런 피해를 당할 수 있다는 점을 안다면 그런 자세는 삼가야 한다.

인터뷰는 그 종류가 매우 다양하다. 단순한 사람과의 만남, 입사면접, 판매미팅, 정보탐색을 위한 면담, 기자와의 인터뷰 등 우리는 다양한 인터뷰 상황에 노출된다. 어쩌면 인생은 인터뷰의 연속이라고 할 수도 있다.

인터뷰를 할 때, 가장 중요한 것은 겸손하지만 당당하게 자기 자신을 표현하는 것이다. 그런데 많은 사람이 자신도 모르게 위축되어 당당함을 잃거나, 자신있게 표현해야 한다는 강박관념에 지나치게 행동하는 경우도 있다. 겸손하지만 당당하게 표현한다는 것이 그리 쉬운 일은 아니다.

그러면 인터뷰에 어떻게 임해야 하는지 몇 가지만 살펴보자.

첫째, 복장을 자기 이미지에 맞게 잘 선택해야 한다. 때와 장소에 맞는 복장을 입어야만 상대에게 좋은 인상을 줄 수 있기 때문이다.

둘째, 훈련을 통해 화술을 익힌다. 논리정연하게 자신의 의견을 표현할 수 있도록 대화술을 배우는 것도 좋다. 적당한 단어 선택과 적절한 대화 순서에 주의하고 상대의 반응을 살펴 민첩하게 자신의 말을 조정할 줄 알아야 한다.

셋째, 목소리를 조절하는 연습을 한다. '소리 지르기' 같은 발성연습으로 목소리를 트이게 하는 것도 도움이 된다. 음색과 어조에 변화를 주면 상대에게 다른 느낌을 준다는 것을 기억해야 한다.

어떤 인터뷰일지라도 위의 사항을 염두에 두면 큰 도움이 될 것이다.

## 편지쓰기를 통한 커뮤니케이션은 엄청난 힘이 있다

사람은 커뮤니케이션을 통해 감정을 교환한다. 우리가 할 수 있는 커뮤니케이션 중에서도 특히 편지는 아주 효과적인 커뮤니케이션 수단이다. 글은 말과 달리 묘한 마력을 지니고 있다. 또한 글은 은근한 뉘앙스를 전달하면서 상대방의 마음을 흔들어놓기도 한다.

내가 나의 멘터인 조지 브라운으로부터 전수받은 가장 멋진 선물은 '편지쓰기'다. 그가 나에게 "성공하고 싶으세요? 그러면 매일 아침 5통의 편지를 쓸 수 있겠습니까?"라고 했던 말이 내 인생에 많은 영향을 미쳤던 것이다.

그것이 얼마나 중요한지 알기에 나는 성공학 관련 강의를 할 때마다 하루에 세 통 이상의 편지를 쓰라고 권한다. '편지쓰기' 는 상대에게 자신을 멋지게 각인시키는 커뮤니케이션 과정이며 좋은 감정을 형성하는 계기이자 인간관계를 단단히 하는 출발점이기 때문이다.

많은 사람이 명함을 교환하고는 명함철에 보관은 해두면서 더 나은 인간관계로의 진입은 포기한다. 사람을 처음 만나고 난 뒤, 2~3일 내에 그에게 편지를 쓰면 상대는 예상치 않은 커뮤니케이션에 놀라며 강한 인상을 받게 될 것이다. 한번 좋은 인상을 받으면 그 이후에 그 사람을 편안하게 느끼는 '초기효과(Primary Effect)'가 가동되기 시작한다.

매일 아침 세 사람 이상과 커뮤니케이션을 하게 되면 1년만 해도 최소한 천 명 이상과 커뮤니케이션을 하게 된다. 이 얼마나 대단한 힘인가! 지금까지의 내 경험으로 보아 편지쓰기의 효과를 극대화하려면 다음의 사항을 실천하는 것이 좋다.

첫째, 매일 아침 편지를 쓴다. 밝아오는 아침의 기(氣)를 받아 기도하는 마음으로 쓰는 것이 중요하다. 단순히 안부만 전하는 것이 아니라 상대의 성공을 기원하면서 쓰는 것이다.

둘째, 상대방의 명함을 받은 뒤 3일 이내에 편지를 쓴다. 3일이 지나면 상대방의 기억에서 내가 멀어지기 때문이다. 기억에 남아 있을 때 각인을 시키는 것이 효과적이다.

셋째, 상대방이 답장을 해오면 즉시 답장을 한다. 상대방의 기억 속에 자신을 다시 한번 각인시키는 작업이다.

넷째, 편지를 쓴 후에 명함은 자기만의 시스템에 보관한다. 예를 들어 이메일의 주소록을 활용하는 것도 좋다.

아침에 정성껏 쓰는 편지는 하루를 알차게 만들어주며, 인간 관계의 폭을 넓혀주고 자신에 대한 신뢰감을 높이는 좋은 습관이다.

# 참고문헌

1. 강길호 · 김현주 공저, 『커뮤니케이션과 인간』(한나래, 1995)

2. 래니 어래돈도 지음, 하지현 옮김, 『커뮤니케이션의 기술』
   (지식공작소, 2002)

3. 페티 카시오포 지음, 리대룡 외 옮김, 『커뮤니케이션과 설득』
   (범우사, 1999)

4. 다나카 다쓰미 지음, 남인복 옮김, 『사과의 기술』(부글북스, 2005)

5. 필 하킨스 지음, 최상모 옮김, 『파워풀 컨버세이션』(거름, 2002)

6. 이민규, 『긍정의 심리학』(원앤원북스, 2006)

7. 이민규, 『끌리는 사람은 1%가 다르다』(더난출판사, 2005)

8. 후타쓰기 고조, 나혜정 옮김, 『걷는 습관이 나를 바꾼다』
   (위즈덤하우스, 2005)

9. 커트 모텐슨, 김정혜 옮김, 『설득의 힘』(황금부엉이, 2004)

10. 자오닝, 김진아 옮김, 『나만의 사무실 성공철학』(팜파스, 2006)

11. 한상복, 『배려』(위즈덤하우스, 2006)

12. 야하타 히로시, 나상억 옮김, 『프리젠테이션 박사』
    (21세기북스, 1996)

13. 정하열, 『처음 5분이 프레젠테이션의 운명을 결정한다』
(원앤원북스, 2006)

14. 이영권, 『이것이 기업 PR이다』(명경사, 1998)

15. 지동직, 『배려의 기술』(북스토리, 2006)

16. 양찬일, 『내 삶의 주인공은 바로 나!』(좋은책만들기, 2005)

17. 김형곤, 『김형곤의 엔돌핀 코드』(한스미디어, 2005)

18. 이승출, 『직장생활 이렇게 일년만 해라』(유레카북스, 2006)

19. 오익재, 『편경영』(월간조선사, 2005)

20. 정해윤, 『점심시간의 재발견』(한스미디어, 2005)

## 커뮤니케이션 에세이

1판 1쇄 찍음 / 2006년 8월 22일
1판 3쇄 펴냄 / 2010년 8월 27일

지은이 / 이영권
펴낸이 / 배동선
마케팅부 / 최진균, 서설
총무부 / 양상은
펴낸곳 / 아름다운사회

출판등록일자 / 2008년 1월 15일
등록번호 / 제2008-1738호

주소 / 서울시 강동구 성내동 446-23 덕양빌딩 202호 ㉾134-033
대표전화 / (02)479-0023
팩스 / (02)479-0537
E-mail / assabooks@naver.com

ISBN 89-5793-130-9 03320

* 잘못된 책은 교환해 드립니다.

10,000원